최초의 컴퓨터 프로그래머 에이다 러브레이스의 생각

숫자로 상상하세요

일러두기

인물의 생각과 가치관을 잘 전달하기 위해 다큐멘터리 형식에 맞춰 원서의 일부 내용을 다듬고 새롭게 구성하였습니다.

Original title: Numeri e poesia - Storia e storie di Ada Byron
Text by Simona Poidomani
Illustrations by Pia Valentinis

© 2009 Editoriale Scienza S.r.l., Firenze-Trieste
www.editorialescienza.it
www.giunti.it

All rights reserved.
Korean translation © 2019 BookInFish

이 책의 한국어판 저작권은 Icarias Agency를 통해 Editoriale Scienza S.r.l.과 독점 계약한 책속물고기에 있습니다.
저작권법에 의하여 한국 내에서 보호를 받는 저작물이므로 무단 전재와 무단 복제를 금합니다.

최초의 컴퓨터 프로그래머 에이다 러브레이스의 생각

숫자로 상상하세요

시모나 포이도마니 글 | 피아 발렌티니스 그림 | 김현주 옮김 | 홍지연(초등컴퓨팅교사협회 연구개발팀장) 추천

추천하는 글
상상하고 분석하라! 시적인 과학자, 에이다 러브레이스

컴퓨터는 오늘을 살아가는 우리에게 없어서는 안 될 존재예요. 그런 컴퓨터는 사실 인간의 정보 처리 과정을 모방한 기계라 할 수 있어요. 하지만 컴퓨터 자체만으로는 할 수 있는 것이 없지요. 컴퓨터라는 기계 속에 어떤 일을 할 수 있도록 명령을 내리는 '프로그램', 다른 말로 '소프트웨어'가 필요하답니다. 그런데 컴퓨터가 이 세상에 태어나기도 전에 컴퓨터의 프로그램을 상상한 여성 과학자가 있었어요. 바로 '에이다 러브레이스'예요.

에이다의 아버지는 유명한 영국 시인, 조지 고든 바이런이었어요. 풍부한 감수성을 가진 아버지의 감성적인 부분만을 닮을까 염려한 에이다의 어머니는 에이다가 수학과 논리학에 관심을 가지도록 애썼다고 해요. 놀랍게도 에이다는 타고난 상상력으로 수학이라는 학문을 넓고 깊게 이해했지요. 그리고 열일곱 살 때 운명처럼 수학 교수, 찰스 배비지를 만나게 되었어요. 에

이다는 찰스 배비지와 함께 계산 기계를 연구하면서도 상상력을 발휘했지요. 해석기관이 단순한 계산 기계를 넘어서 작곡이나 그림 그리기와 같은 창작 활동을 포함한 다양한 일을 할 수 있을 것이라는 가능성을 상상했거든요.

이러한 에이다의 통찰은 오늘날 프로그래밍의 기초라 할 수 있는 해석기관에 적용될 명령어를 만들어 냈어요. 그로 인해 에이다는 훗날 '세계 최초의 프로그래머'라는 호칭을 가지게 되었지요.

에이다의 업적은 되새겨 볼수록 대단해요. 당시 에이다가 살았던 시대 상황만 봐도 그래요. 여성은 대학에서 강의를 들을 수도 강의를 할 수도 없었기에 여성이 능력을 발휘하기가 쉽지 않았던 때였어요. 하지만 에이다의 끝없이 펼쳐지는 상상력과 배움을 향한 열망을 막을 수는 없었지요.

에이다는 모든 가능성을 열어 자유롭게 상상했고, 그 상상을 현실로 만들기 위해 끊임없이 분석하고 연구했어요. 그렇게 에이다의 의지와 노력이 더 나은 오늘을 만들었지요. 이제는 우리가 에이다가 될 차례예요. 미래를 구상해 보고 새로운 세상을 만들어 봐요.

- 세상을 바꾸는 교육을 꿈꾸는 선생님 **홍지연**

차례

추천하는 글
04

여는 글
평생 연구해 온 나날을 되새기며
08

첫 번째 장면
나는 위대한 시인 바이런의 딸
16

두 번째 장면
상상을 현실로 만들기 위해
24

세 번째 장면
새로운 선생님은 여성 과학자
34

네 번째 장면
계산하는 기계를 만나다
40

다섯 번째 장면
과학이 빛나는 도시
52

여섯 번째 장면
독립을 위해 첫걸음을 내딛다
62

일곱 번째 장면
더 발전된 계산 기계를 꿈꾸며
68

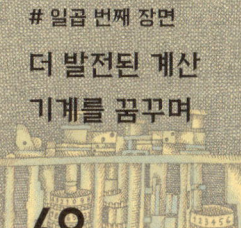

여덟 번째 장면
수학과 상상력
76

아홉 번째 장면
기계의 가능성을 열다
86

닫는 글
내 연구가 미래에 닿기를 바라며
94

부록 장면 밖 이야기
★ 에이다 러브레이스를 만나다
★ 에이다의 삶과 그 이후 컴퓨터의 시대
98

여는 글

평생 연구해 온 나날을 되새기며

수학적 언어를 통해
우리의 소망을 빠르고 정확하게
실현해 줄 수 있는 기계는
언제쯤 나타날까?

1852년

하루하루 내 몸 상태가 나빠지는 것이 느껴졌다. 아직 36살 젊은 나이이고 하고 싶은 연구가 많은데, 약 기운에 정신이 흐릿해져서 집중할 수 없었다. 공부를 하지 않은 지도 오래되었고, 주변 사람들을 만나지도 못했다.

그러던 어느 화창한 날이었다. 나는 서재에서 오래된 노트를 발견했다.

분명 내 노트가 맞는데, 한순간 기억이 나지 않아서 당황했다. 병을 앓다 보니 몸과 마음이 많이 흐트러진 듯싶었다.

노트를 펼쳐 보았다. 누렇게 바랜 종이들에 수많은 단어들이 빼곡하게 들러붙어 있었다. 한 장 한 장 훑어보니 계산 기계에 빠져 열정적으로 다양한 학문에 파고들었던 시절이 생각났다.

'아, 이 노트를 잊고 있었다니!'

여기에 적힌 글들은 내 삶의 기록이었다.

지금 나는 이런저런 부품들이 고장 나서 제대로 작동하지 않는 기계 같지만, 이 노트 속의 나는 꿈과 열정으로 가득했다. 그때는 잠시도 쉬지 않고 움직이는 시곗바늘의 초침처럼 부지런히 나, 에이다의 역사를 차곡차곡 기록해 두었다.

문득 멀리 있는 내 아이들이 떠올랐다. 한창 반짝이는 시절을 보내고 있을 세 아이들이 무엇에 관심을 가지고 있을지 궁금했다.

정치에 관심이 있을까? 아니면 동물들을 연구하고 있을까? 혹시 내가 그랬던 것처럼 전기로 움직이는 기계를 발전시키기 위한 새로운 이론에 관심을 두고 있을까?

어쩌면 작년에 수정궁(Crystal Palace)에서 열린 만국박람회에서

수정궁
1851년에 만국박람회가 영국 런던에서 최초로 열렸다. 철골과 유리를 사용해 만든 거대한 수정궁에서 당시 최첨단 과학 기술로 만들어진 다양한 기계들과 제품들이 전시되었다.

갖가지 기계들을 보고 미래에 대한 상상에 빠졌을지도 모른다.

수정궁은 내가 런던에서 가장 좋아하는 장소인 하이드 공원(Hyde Park)에 있는 건물인데 정말 번개처럼 뚝딱 지어졌다. 기계가 없었다면 그렇게 빨리, 그렇게 완벽하게 지어질 수 없었을 것이다.

만국박람회가 열린 수정궁에는 별별 제품들로 가득했다. 오르간이나 기타 같은 악기, 모든 용도로 사용할 수 있는 증기기관, 심지어 정원의 나무와 꽃에 자동으로 물을 주는 스프링클러도 있었다.

하지만 그 많은 제품들 가운데 연속적인 기호들을 조합하여 만든 발달된 계산 기계는 없었다. 수학적 언어를 통해 우리의 소망을 빠르고 정확하게 실현해 줄 수 있는 기계는 언제쯤 나타날까?

나는 줄곧 그런 기계가 세상에 태어나기만을 바라며 연구에 몰두해 왔다. 그 발자취는 지금 읽고 있는 노트뿐만 아니라 늘 들고 다니던 서류 가방에도 남아 있다.

지금 내가 바라는 것은 하나다. 내 아이들, 혹은 내가 연구해 온 것들을 필요로 하는 사람들에게 노트와 가방이 잘 전해졌으면 좋겠다.

기록들은 어지럽고, 가방 속 물건들은 쓸모없는 것처럼 보일지도 모른다. 하지만 분명 나와 같은 길을 걷는 사람들에게는 특별한 가치를 줄 것이다. 내 생각과 경험이 모두 담겨 있으니까 말이다.

그 전에 나는 내 기억을 더듬어 보기로 했다. 책상에 자리를 잡고 앉아 노트의 첫 장을 펼쳤다.

첫 번째 장면

나는 위대한 시인 바이런의 딸

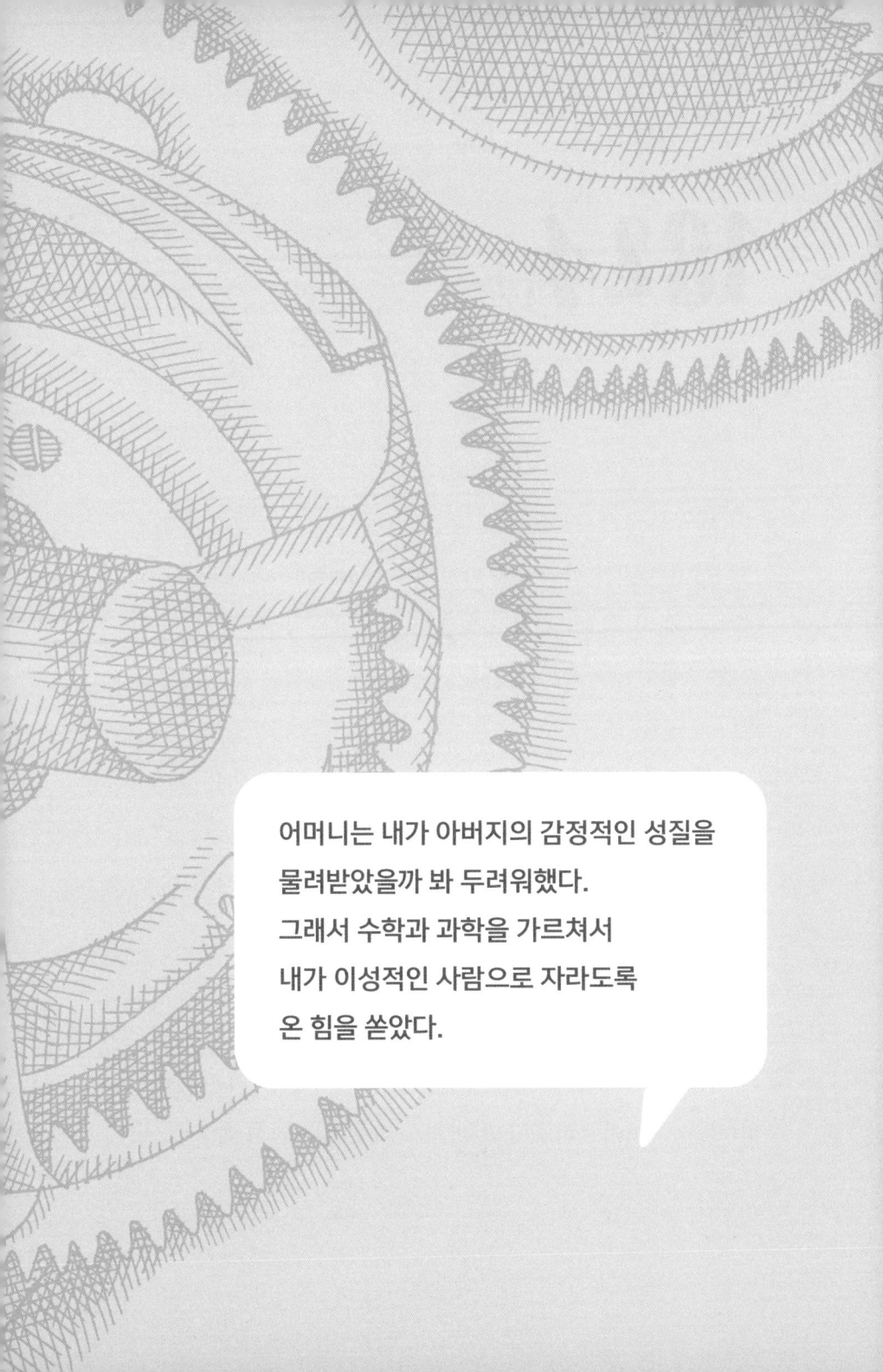

어머니는 내가 아버지의 감정적인 성질을
물려받았을까 봐 두려워했다.
그래서 수학과 과학을 가르쳐서
내가 이성적인 사람으로 자라도록
온 힘을 쏟았다.

1824년

어머니는 내가 아버지를 닮지 않기를 바랐다. 내가 아버지와는 다르게 자라기를 간절히 바랐다. 부모님은 내가 태어나고 얼마 되지 않았을 때 헤어졌기에 나는 아버지의 얼굴도 모른 채 자랐다.

그런데 내가 여덟 살이었을 때 어머니가 처음으로 아버지 이야기를 꺼냈다.

"네 아버지가 돌아가셨단다. 지독한 감기에 걸렸는데 낫지 않았다는구나."

어머니는 그 말만 남기고 그대로 방을 나가 버렸다.

아버지는 유명한 시인이었다. 하지만 어머니는 나에게 아버지의 시를 단 한 번도 읽어 주지 않았다. 어머니 몰래 읽은 아버지의 시는 무척 아름다웠다. 아버지가 나를 생각하며 쓴 시도 몇

편 있다는 것을 알고 있었다.

몇 년 전, 아주 어렸을 적에 어머니한테 아버지에 대해 물은 적이 있었다.

"다른 아이들은 아버지가 있는데 왜 난 없어요?"

어머니는 곧바로 입을 굳게 다물더니 다시는 그런 질문을 하지 말라고 말했다. 가끔 이런 식으로 싸늘하고 단호하게 말하는 어머니가 너무 무서워서, 아버지에 대해 나도 입을 다물 수밖에 없었다.

아버지와 함께했던 기억이 전혀 없기에 나는 아버지가 어떤 사람인지 혼자서 상상해 보고는 했다. 그러던 어느 날, 어머니가 서재의 초록색 커튼 뒤에 아버지의 초상화를 감추는 모습을 우연히 보았다. 나는 틈틈이 기회를 노린 끝에 어머니 몰래 아버지의 초상화를 보는 데 성공했다.

초상화 속 아버지는 이국적인 옷차림을 한 채 머리에는 터번을 감고 있었다. 어딘가 먼 곳을 바라보는 두 눈은 반짝반짝 빛났고, 콧수염도 멋스럽게 기르고 있었다. 아버지는 정말 잘생겼다. 초상화에 붙어 있는 작품 설명을 보니 내가 아직 태어나지도 않았을 때인 1814년에 그린 것이었다.

나는 아버지에 대한 신문 기사도 찾아보았다. 기사에는 이렇게

적혀 있었다.

> 조지 고든 바이런(George Gordon Byron). 위대한 낭만주의 시인이자 모험가, 바람둥이로 우리 시대에 사람들의 입에 가장 많이 오르내리고 가장 많은 비난을 받은 사람이며, 거침없는 행동 때문에 망명과 도피 생활을 할 수밖에 없었다.

어머니가 아버지에 대해 이야기하지 않는 것도, 아버지를 만나지 못하게 하는 것도 아마 이런 점들 때문일 것이다. 혹시라도 내가 사람들 입에 오르내리는 아버지의 나쁜 점을 닮을까 봐 말이다.

그래서 어머니는 나에게 항상 엄격하게 대하고 규칙을 강요했다.

"에이다에게는 사실이라고 증명된 지식만을 말해 주세요. 머릿속에 상상을 심어 줄 만한 터무니없는 이야기는 절대로 하지 마세요."

나를 가르치는 가정교사에게 어머니가 항상 당부했던 말이었다.

아버지는 대단한 시인이었지만, 너무 감정적으로 행동했다고 들었다. 어머니는 내가 아버지의 감정적인 성질을 물려받았을까 봐 두려워했다. 그래서 수학과 과학을 가르쳐서 내가 이성적인 사람으로 자라도록 온 힘을 쏟았다.

그런데 어머니는 잘 모르는 것 같았다. 함께 놀고 수다를 떨 수 있는 자매나 친구 없이 시골에 홀로 떨어져 공부만 하는 것이 어린아이에게 얼마나 고달픈 일인지 말이다. 게다가 어머니는 자선 활동을 위해 여행을 다니며 집을 자주 비웠다. 그나마 집에 있을 때는 나를 혼내거나 잘못을 고쳐 주는 데 시간을 보냈다.

어머니가 아무리 엄하게 대해도, 나는 어머니가 밉지 않았다. 어머니가 나를 아끼고 사랑한다는 것을 알았기 때문이다.

어머니의 일기장에서 어머니가 어떤 생각을 하고 있는지 엿본 적이 있었다. 어머니의 행동과 가르침은 모두 나를 위한 것이며, 어머니로서의 의무를 성실히 따르는 것이라고 쓰여 있었다. 모든 교육 과정을 현명하고 주의 깊게 관리해야 내가 좋은 습관을 익힐 수 있고 위험에 빠질 수 있는 일들을 막을 수 있다고 생각한 것이다.

한번은 어머니가 친한 친구에게 보내는 편지에서 내 칭찬이 적힌 것을 보게 되었다.

'내 딸은 똑똑한 아이야. 벌써 글을 읽기 시작했지. 난 딸아이

를 위해서 학습 계획도 꼼꼼하게 짰어. 한 번에 한 가지 주제에 집중하는 습관을 들이도록 할 거야.'

 나는 어머니의 편지에서 내 이야기를 발견하면 단어 하나하나를 옮겨 적었다. 그렇게 어머니의 칭찬을 찾아서 적으며 홀로 외로움을 달랬다.

두 번째 장면

상상을
현실로
만들기 위해

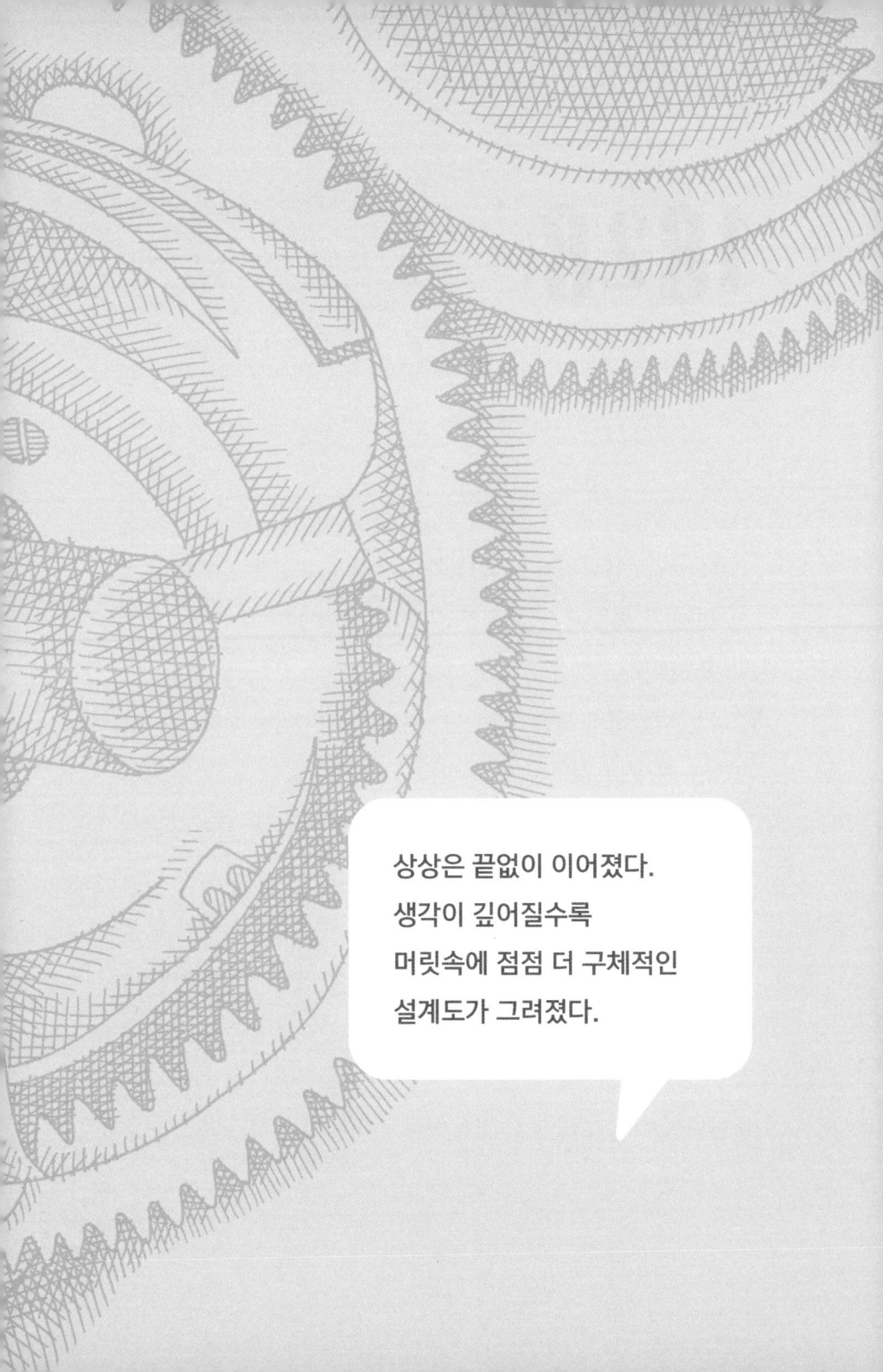

상상은 끝없이 이어졌다.
생각이 깊어질수록
머릿속에 점점 더 구체적인
설계도가 그려졌다.

1828년

우리 집 고양이 퍼프는 내 옆에 있어 주는 유일한 친구였다. 저만치서 벽에 몸을 비비고 있는 퍼프를 불렀다.

"퍼프, 이리 와!"

나는 퍼프에게 붉은색 털실 뭉치를 풀려면 어떻게 해야 하는지 가르쳐 주고 싶었다. 깊이 생각할 필요도 없이 실 끝을 잡고 멀리 끌어가면 되는데, 퍼프는 앞발로 실뭉치를 요리조리 돌리기만 했다.

어머니가 내게 늘 그러는 것처럼, 주어진 임무를 해내면 상을 주는 방법이 최고라는 생각이 들었다. 예를 들어 '참 잘했어요!'라고 적은 상장을 주고, 퍼프가 그 상장을 열 장 모으면 맛있는 먹이를 주는 것이다.

반대로 퍼프가 해야 할 일을 제대로 해내지 못하면 15분 정도는 눈길 한 번 주지 않고 너 따위에게는 이제 신경 쓰지 않는다는 듯 책을 읽을 것이다. 그러면 퍼프는 자기 잘못을 인정하고 다시 열심히 훈련을 할 것이다.

내가 퍼프를 훈련시키려는 이유는 퍼프가 세상에서 가장 훌륭한 고양이가 되기를 바라기 때문이다. 아마도 어머니가 나를 엄격하게 교육하는 마음과 같지 않을까.

하지만 곧 스탬프 선생님이 왔다. 나는 스탬프 선생님이 그다지 달갑지 않았다. 나쁜 사람은 아니지만 내가 하고 싶은 일을 하지 못하게 하는 가정교사였다.

스탬프 선생님은 오늘도 내가 해야 할 과제들을 잔뜩 준비해 가지고 왔다. 어머니가 집을 떠나기 전에 단단히 일러둔 것이 분명했다.

어머니가 나를 위해 짜 둔 일정은 매우 빡빡했다. 어머니는 스탬프 선생님에게 정확한 수업 일정을 전달하고, 나는 이 모든 공부를 열심히 그리고 고분고분하게 해내야 했다.

오전에는 수학과 문법, 독서 그리고 음악 수업이 있었다. 하지만 이 가운데 내가 흥미를 가지고 좀 더 공부하고 싶어도 한 과목당 정해진 시간 이상을 쓸 수 없었다. 어느 날인가 하프 음계를 별 어려움 없이 익혔을 때, 하프를 좀 더 연주하고 싶었지만 그럴 수 없었다. 점심을 먹고 나서는 지리와 미술, 프랑스어를 공부하고 다시 독서를 해야 했기 때문이다.

여러 수업들 중에서 유난히 진도가 빨랐던 것은 수학이었다. 내가 수학 공식을 빨리 이해한 덕분이었다. 배운 공식을 적용해서 '군인 750명이 한 달에 22,500인분의 식량을 받는다면, 군인 1,200명이 있는 부대는 몇 인분의 식량을 받을까?'와 같은 문제를 제대로 이해할 때까지 풀고 또 풀었다.

수학 문제를 잘 풀게 되는 것처럼 학문을 익히는 과정은 나름 즐거웠지만, 사실 스탬프 선생님의 수업 방식은 마음에 들지 않았다.

스탬프 선생님은 공부를 가르치고 나면 질문을 했고, 나는 그 질문에 대답했다. 하지만 만약 반대로 내가 질문을 하고 스탬프 선생님이 대답을 한다면 훨씬 더 재미있게 공부할 수 있을 것 같았다. 그리고 나한테 무엇이 필요한지도 잘 알게 되지 않을까 하는 생각이 들었다.

나는 이런 지루한 공부보다 서재에 가서 좋아하는 책을 읽는 시간이 더 마음에 들었다. 무엇보다 가 본 적 없는 나라들이 가득 담긴 지도책을 보는 것이 좋았다. 모르는 곳을 상상하는 일은 언제나 나를 즐겁게 했다.

그래도 나는 어머니가 짠 학습 계획대로 모든 과목을 열심히 하려고 노력했다. 어떻게든 어머니를 기쁘게 해 주고 싶었기 때문이다. 하지만 나는 즐겁지 않았다. 내가 바라는 것과 어머니가 바라는 것이 달랐으니 말이다.

나는 퍼프를 교육시키는 일은 그만두기로 했다. 퍼프가 바라는 대로 정원이나 집 안을 자유롭게 돌아다니게 하기로 결정했다. 퍼프도 자기가 원하는 대로 살 수 있어야지, 고양이의 습성을 버리고 억지로 다른 누군가가 바라는 대로 생활하는 것은 옳지 않다는 생각이 들어서였다.

퍼프의 교육을 단념하고 나서 다른 관심거리가 생겼다. 바로 비행이었다.

한 번 불붙기 시작한 호기심은 걷잡을 수 없을 정도로 커졌다. 충분히 구상하고, 1년 정도 실험하고 연습하면 이제껏 그 누구도 이루지 못한 완벽한 비행 기술을 익힐 수 있을 것이라 굳게 믿었다.

비행 이론과 기술을 발명하면 그림을 덧붙여서 책도 쓸 생각이었다. 그 책은 어머니가 서재에 보관해 둔 과학 서적들처럼 모두한테 인정받는 위대한 책이 될 것이 분명했다.

내가 비행하는 법을 배우면 얼마나 멋질지 상상해 보았다. 어머니에게 쓴 편지를 우체국에 맡기지 않고 내가 직접 배달할 수도 있을 것이다. 나는 아주 빨리, 그 어떤 교통수단보다도 더 빨리, 심지어 증기기관차보다도 빨리 어디든 갈 수 있을 것이다.

당장 종이로 날개를 만드는 작업부터 시작했다. 일단 커다란 종이에 다양한 날개 모양을 그리며 구상해 본 뒤에, 완벽한 형태가 완성되면 그 모양대로 신중하게 잘라서 날개를 만들 생각이었다. 그리고 날개는 정확하게 새의 날개를 모델로 해서 몸통과 비례하는 크기로 만들어야 했다.

그러기 위해서는 새에 대해 자세히 연구해야 했고, 어머니한테 조류 해부학과 관련된 책들을 구해 달라고 편지를 썼다. 그리고 편지 마지막에는 내 이름 대신 별명을 써 넣었다. 편지를 전해 주는 비둘기라는 뜻으로 '전서구'라고 말이다. 그 정도로 나는 비행에 푹 빠져 있었다.

상상은 끝없이 이어졌다. 생각이 깊어질수록 머릿속에 점점 더 구체적인 설계도가 그려졌다. 배나 기차처럼 날개에 증기기관을 설치해 보면 어떨까 하는 생각도 들었다. 더 나아가 내가 탈 수 있도록 증기기관으로 움직이는 말 모양의 비행체까지 생각해 냈다.

내 상상이 현실로 이루어지기 직전에 어머니의 편지를 받았다. 어머니는 내가 비행에 대해 너무 많은 시간을 쏟는다며 나무랐다. 결국 나는 상상을 멈춰야 했다.

나는 좀 더 빨리 어른이 되고 싶었다. 나의 무한한 상상을 잘 다스리고 다듬어서 현실로 이끌어 낼 수 있는 사람으로 자라기를 바랐다.

세 번째 장면

새로운 선생님은 여성 과학자

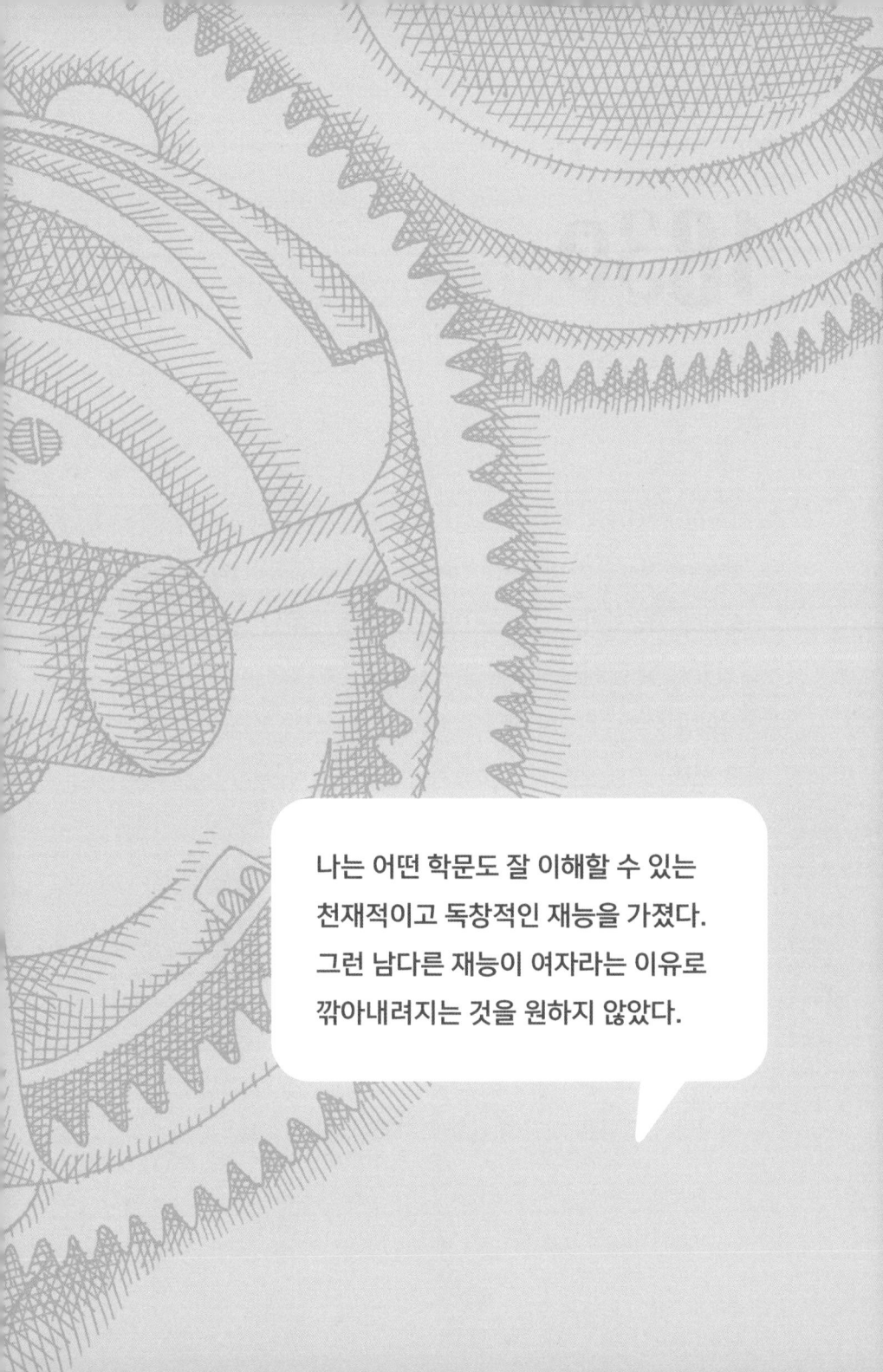

나는 어떤 학문도 잘 이해할 수 있는 천재적이고 독창적인 재능을 가졌다. 그런 남다른 재능이 여자라는 이유로 깎아내려지는 것을 원하지 않았다.

1830년

새로 온 선생님은 메리 서머빌(Mary Somerville)이었다. 서머빌 선생님은 지금까지의 가정교사들과 달랐다. 따뜻한 성품을 가지고 있었고, 나를 가족처럼 친절하게 대해 주었다.

서머빌 선생님은 아이작 뉴턴(Isaac Newton)의 이론을 공부했다고 했다. 그 이론은 바로 하늘과 별, 우리가 사는 지구를 포함한 행성들의 움직임을 설명하는 '만유인력의 법칙'이었다.

서머빌 선생님은 우주의 모든 물체가 서로 끌어당긴다는 뉴턴의 이론을 나에게 자세히 가르쳐 주었다.

서머빌 선생님과 함께 과학을 공부하다 보니 가슴이 벅차올랐다. 과학이 이렇게 발전한다면 조만간 우주의 비밀을 모두 설명할 수 있을 것만 같았다.

서머빌 선생님은 정말 대단한 학자였다. 지식이 넓고 아는 것이 많았다. 과학에 대한 책도 여러 권 썼다.

하지만 안타깝게도 서머빌 선생님은 대학에서 강의를 할 수 없었다. 왜냐하면 여자이기 때문이라고 했다. 그뿐만 아니라 여성은 대학에 들어갈 수조차 없었다. 서머빌 선생님도 나도 가정교사를 통해서만 공부를 해야 했다.

"정말 이해가 안 돼요. 여자가 발견한 이론은 받아들이면서 대학에서 강의하거나 다른 과학자들이 연구 결과를 발표하는 자리에 여자는 참석하지 못한다고요?"

"그래요, 그렇답니다."

서머빌 선생님은 가볍게 미소를 지으며 대답했다.

"그건 불공평해요!"

"여자들이 얻은 연구 결과는 독창적인 것이 아니라 다른 학자들이 발표한 내용을

메리 서머빌 (1780~1872)
스코틀랜드 과학자이자 수학자. 태양계에 천왕성까지만 있다고 알려져 있던 때에 메리 서머빌이 천왕성의 궤도를 계산하다가 새로운 행성이 있다는 가설을 논문으로 썼다. 그 논문이 해왕성을 발견하는 데 중요한 역할을 했다. 또한 다양한 과학 책을 써서 과학의 대중화에 앞장섰다.

응용했다고 생각하지요."

"누가 그러던가요?"

"누가 그렇게 말한 게 아니라 사람들의 생각이 그렇답니다."

"하지만 사실이 아니잖아요."

"나도 모르겠어요, 에이다. 사실 나는 그런 의견과 생각에 대해 아직 결론을 내리지 못했어요."

"전 알아요. 사람들은 제가 어떤 이론들을 얼마나 잘 이해하는지를 보지 않는 거예요. 그저 제가 여자라는 것만 보는 것이지요. 여자든 남자든 상관없이 이해하는 것 자체는 개인의 독창적인 행동이고, 누구나 각자의 방식으로 새로운 사실을 알아낼 수 있다고 생각해요. 남자와 여자를 구분할 시간에 더 깊이 학문을 연구해야 하지 않을까요?"

나는 목소리를 높였지만, 서머빌 선생님은 조금 지친 듯한 표정을 지을 뿐이었다.

"나는 아주 복잡하고 어려운 천문학을 명확하게 설명하고 획기적인 발견에 성공했지만, 정작 나에 대해서는 아무것도 발견하지 못했다는 것을 깨달았어요. 내 자신이 독창적이지 못한 존재로 느껴지더군요. 나는 인내력과 지식은 갖추었지만 천재적인 학자는 아니라고 생각해요."

서머빌 선생님은 뛰어난 과학자이자 수학자였지만, 자신이 여자라는 이유로 스스로를 낮춰 말했다.

하지만 나는 서머빌 선생님처럼 생각하고 싶지 않았다. 나는 어떤 학문도 잘 이해할 수 있는 천재적이고 독창적인 재능을 가졌다. 그런 남다른 재능이 여자라는 이유로 깎아내려지는 것을 원하지 않았다.

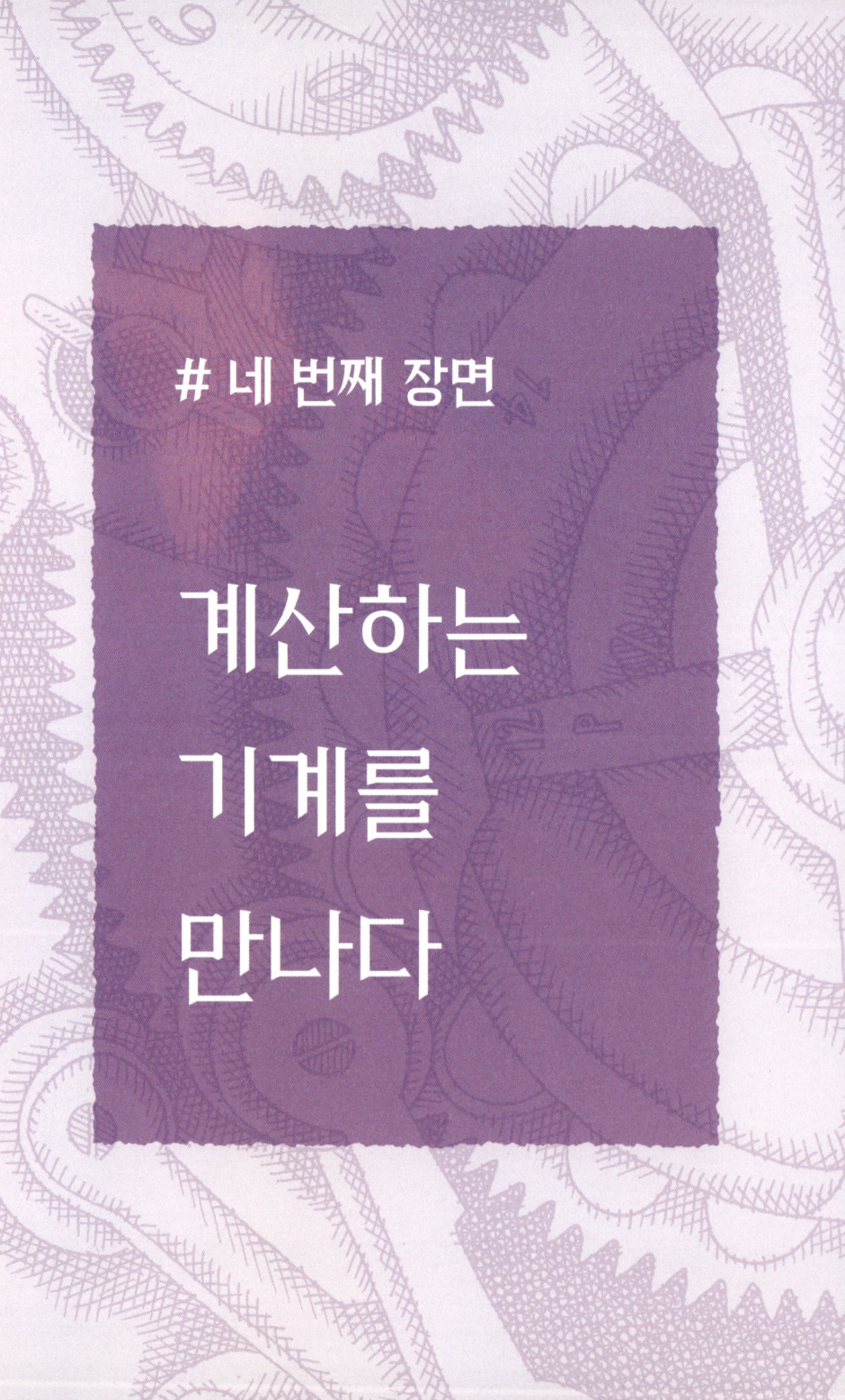

네 번째 장면

계산하는 기계를 만나다

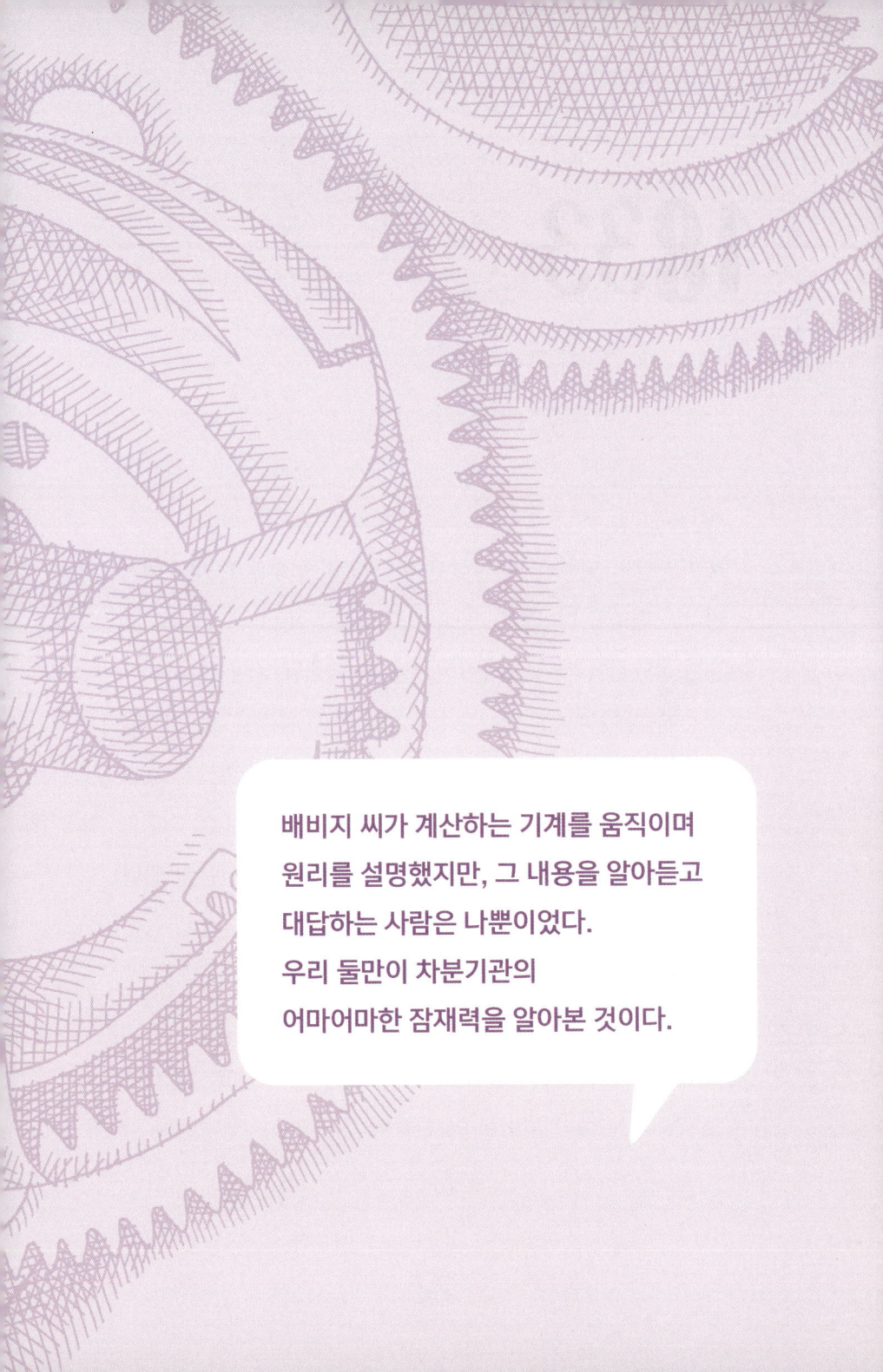

배비지 씨가 계산하는 기계를 움직이며 원리를 설명했지만, 그 내용을 알아듣고 대답하는 사람은 나뿐이었다.
우리 둘만이 차분기관의 어마어마한 잠재력을 알아본 것이다.

1833년

열일곱 살이 되었을 때 남들은 하찮다고 할지 모르지만 내게는 커다란 변화가 기다렸다. 바로 사교계 입문이었다.

나는 성탄절이 지나고 시작해서 다음 해 8월 말에 끝나는 사교 시즌에 참여하기로 했다. 이 시기에 시골 지주들은 집을 떠나 런던으로 와서 콘서트와 연회 등에 참여하고 의회까지 소집했다.

5월에는 나도 궁정 무도회에 갈 수 있었다. 귀족 신분의 열일곱 살이 된 소녀들은 모두 이런 자격을 갖추었다.

"저는 아주 독창적인 인사법을 개발할 거예요."

나는 서머빌 선생님한테 말했다.

"새로운 방식으로 인사를 하다니, 그런 건 생각도 말아요."

"하지만 저는 제가 평범한 인사를 할 사람이라고 생각하지 않아요."

"아니에요, 에이다. 평범한 사람들처럼 예의에 맞게 완벽한 인사를 해야 해요."

"아뇨, 전 이렇게 할 거예요. 한번 보세요. 두 다리를 굽히고 고개는 들고 있을 거예요. 이렇게……."

"절대 그러면 안 돼요!"

"꼭 이렇게 할 거예요. 그래야 저를 특별하게 볼 테니까요."

서머빌 선생님은 반대했지만, 나는 내 방식대로 인사를 하겠다고 다짐하며 궁정 무도회에 참석했다.

무도회는 대단히 흥미로웠다. 왕과 왕비뿐만 아니라 말로만 듣던 유명 인사들이 모두 모여 있었다. 이렇게 화려하고 떠들썩한 분위기는 태어나서 처음이었다.

무도회를 포함한 런던 생활은 내가 자라 온 시골과 달랐다. 어디든 사람들이 많았고 늘 화젯거리가 다양했기에 나를 들뜨게 했다. 그래서 나는 어머니에게 당장은 결혼할 생각이 없다는 내용을 담아서 편지를 보냈다.

보통 또래 소녀들이 사교 시즌에 런던에 오는 이유는 약혼자를 찾기 위해서였다. 온갖 무도회와 연회를 돌아다니며 평생을 함께할 남자를 찾아다니는 것이다. 하지만 나는 새로운 사람들

을 만나고 새로운 이야깃거리를 나누며 이 순간을 좀 더 오래 즐기고 싶었다.

런던 생활을 마음껏 즐기다 보니까 눈 깜짝할 사이에 6월이 되었다. 그리고 그때 수학자이면서 발명 과학자인 찰스 배비지(Charles Babbage)를 처음 만났다.

배비지 씨는 자기 저택에서 연회를 자주 열었는데, 정치가와 작가, 탐험가, 과학자 등 유명한 사람들이 한데 모이는 대단한 연회로 입소문이 나 있었다. 무엇보다 강연, 낭독 등 다양한 행사가 열렸고, 배비지 씨가 발명한 특별한 기계들을 전시해 놓는다고 했다.

나는 설레는 마음을 안고 배비지 씨의 연회에 가게 되었다. 나의 진정한 친구이자 존경하는 스승인 서머빌 선생님과 함께였다.

배비지 씨는 기계에 푹 빠져 있었다. 혼자 걷고 춤을 추거나 사람이 물건을 잡을 때처럼 팔을 들어 올리는 기계인형도 가지고 있었다. 배비지 씨는 기계인형을 이렇게 설명했다.

"어린 시절 자주 가던 기계 박물관이 문을 닫게 되면서 싸게 내놓은 기계들을 샀어요. 그 기계에 신기술을 가져다가 완전히 새롭게 고쳤고, 곧 사회에 소개할 예정입니다."

모두들 기계인형을 신기해했지만, 내 흥미를 끈 것은 다른 기계였다. 바로 자동으로 계산하는 기계였다.

배비지 씨는 차분기관(Difference Engine)을 소개했다. 차분기관은 숫자가 적힌 기어와 바퀴가 회전하며 수를 계산하는 것으로, 인간의 지능이 얼마나 경이로운지 보여 주는 기계였다.

'아, 바로 이거야!'

나는 배비지 씨의 설명을 들으며 큰 감동을 받았다. 지금껏 배운 지식들이 모두 합쳐져 눈에 보이는 기계로 만들어진 듯한 느낌이 들었다.

사람들은 배비지 씨의 차분기관이 완성되면 계산 업무를 하는 인력을 대체할 수 있을 것이라고 생각했다.

차분기관은 분명히 따분한 계산 작업에 들이는 노력과 시간을 엄청나게 절약해 줄 수 있는 기계였다. 무엇보다 계산 오류를 줄일 수 있다는 장점도 있었다. 항상 계산을 혼란스러워하는 사람과 달리 처음 숫자를 설정할 때 실수만 하지 않으면 이 기계는 절대 오류를 만들어 낼 리가 없었다. 기계를 제대로 만든다면 올바른 작동을 기대할 수 있었다.

배비지 씨는 연회에 참석한 손님들에게 자신이 발명한 계산 기계가 얼마나 대단한지를 다시 한번 설명했다.

"계산은 다양한 분야에서 쓰입니다. 행성의 움직임을 파악할 때라던가 항해 위치를 결정할 때나 화폐 가치를 따질 때 등 말이에요. 그렇기 때문에 계산이 더 정확하고 빨라진다면, 우리 사회는 더 발전할 것입니다. 그 역할을 차분기관이 앞장서게 될 거고요."

배비지 씨는 손님들을 자신의 연구실로 안내했다. 연구실에는 거대한 기계가 놓여 있었다. 바로 아직 완성되지 않은 차분기관이었다.

차분기관은 세로로 길쭉한 축들이 세워져 있고, 이 축들은 나란히 정렬되어 있었다. 세로

찰스 배비지 (1791~1871년)

영국 수학자이자 발명가. 자동으로 작동하는 기계식 계산기를 설계했다. 찰스 배비지는 정확하고 빠른 계산을 위해 영국 정부의 지원을 받아 1823년부터 차분기관을 개발하기 시작했지만 당시 기술 수준으로는 정교한 기계를 만들기 어려웠기 때문에 1842년에 일부만 완성했다. 차분기관을 개발하던 과정에서 더 발달된 계산 기계인 해석기관을 설계했고, 이때 에이다 러브레이스가 함께 했다.

찰스 배비지의 차분기관과 해석기관은 지금 컴퓨터의 토대를 마련했다.

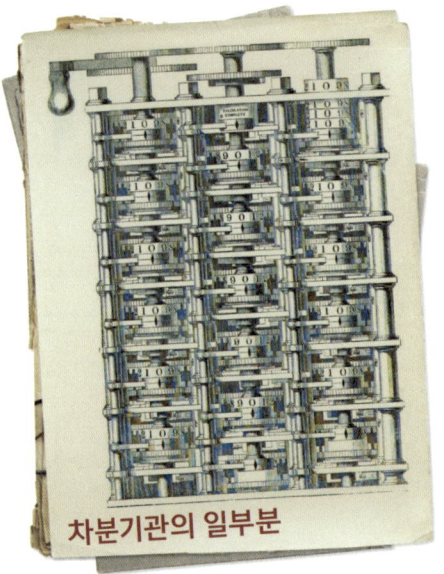
차분기관의 일부분

축마다 도넛처럼 가운데 구멍이 뚫린 원반이 끼워 있는데, 이 원반들은 열 개의 톱니가 달린 작은 바퀴들에 따라 회전하게 되어 있는 구조였다.

누군가가 차분기관을 작동해 달라고 요청했다.

배비지 씨는 고개를 끄덕이며 기계를 작동시켰다. 차분기관은 마치 기차처럼 귀청을 찢을 듯한 소음을 내며 움직였다. 그리고 톱니바퀴들이 돌아가며 계산 작업이 이루어졌다.

배비지 씨가 계산하는 기계를 움직이며 원리를 설명했지만, 그 내용을 알아듣고 대답하는 사람은 나뿐이었다. 우리 둘만이 차분기관의 어마어마한 잠재력을 알아본 것이다.

배비지 씨와 차분기관을 만나고 나서, 나는 오랫동안 마음속에 품고 있던 것들을 어머니에게 말할 용기를 가지게 되었다.

예전부터 어머니는 내가 해야 할 일과 내 일과를 일일이 관리해 왔다. 내가 하지 말아야 할 말과 어떤 말을 어떻게 해야 하는지 알려 주고, 심지어 내가 어떤 생각을 해야 하는지도 간섭했다.

이제 나도 곧 성인이 되기에, 내 인생을 스스로 결정하고 싶었다.

나는 어머니에게 이런 편지를 썼다.

'저는 앞으로 나라 법에서 정한 범위 내에서만 어머니의 요구를 받아들일 거예요. 법적으로 스물한 살까지는 어머니 말에 따라야 하지만, 그 이후로는 제 일에 대한 어머니의 권한과 주장은 효력이 없어요.'

더불어 배비지 씨의 연구가 얼마나 대단한지 그리고 차분기관이야말로 인간의 천재성이 만들어 낸 걸작이라는 내용도 덧붙였다.

어머니는 오래 뜸 들이지 않고 답장을 했다. 배비지 씨와 차분기관에 흠뻑 빠진 나를 두고 어머니는 꾸짖는 말투로 편지를 보내왔다.

'네가 왜 그 기계에 빠져들었는지 모르겠구나. 근거 없고 알 수 없는 일에 빠지지 말고 논리적으로 생각하렴.'

어머니는 늘 내가 상상에 깊이 빠지지 않도록 경계해 왔다. 차분기관 또한 터무니없는 일이라고 생각한 것이 틀림없었다.

사실 어머니의 말도 일리가 있었다. 나는 내 상상과 생각을 조절할 필요가 있었다. 아마도 상상과 생각을 정리하는 능력에 따라 내 미래가 결정될 것이다.
　그래서 지금보다 더 열심히 공부하기로 마음먹었다. 다양한 학문에 집중하면 끝없이 펼쳐지는 상상력과 어디론가 떠나고 싶어 하는 욕망을 다스릴 수 있게 되고, 이성적인 사람이 될 수 있을 테니까 말이다.

다섯 번째 장면

과학이 빛나는 도시

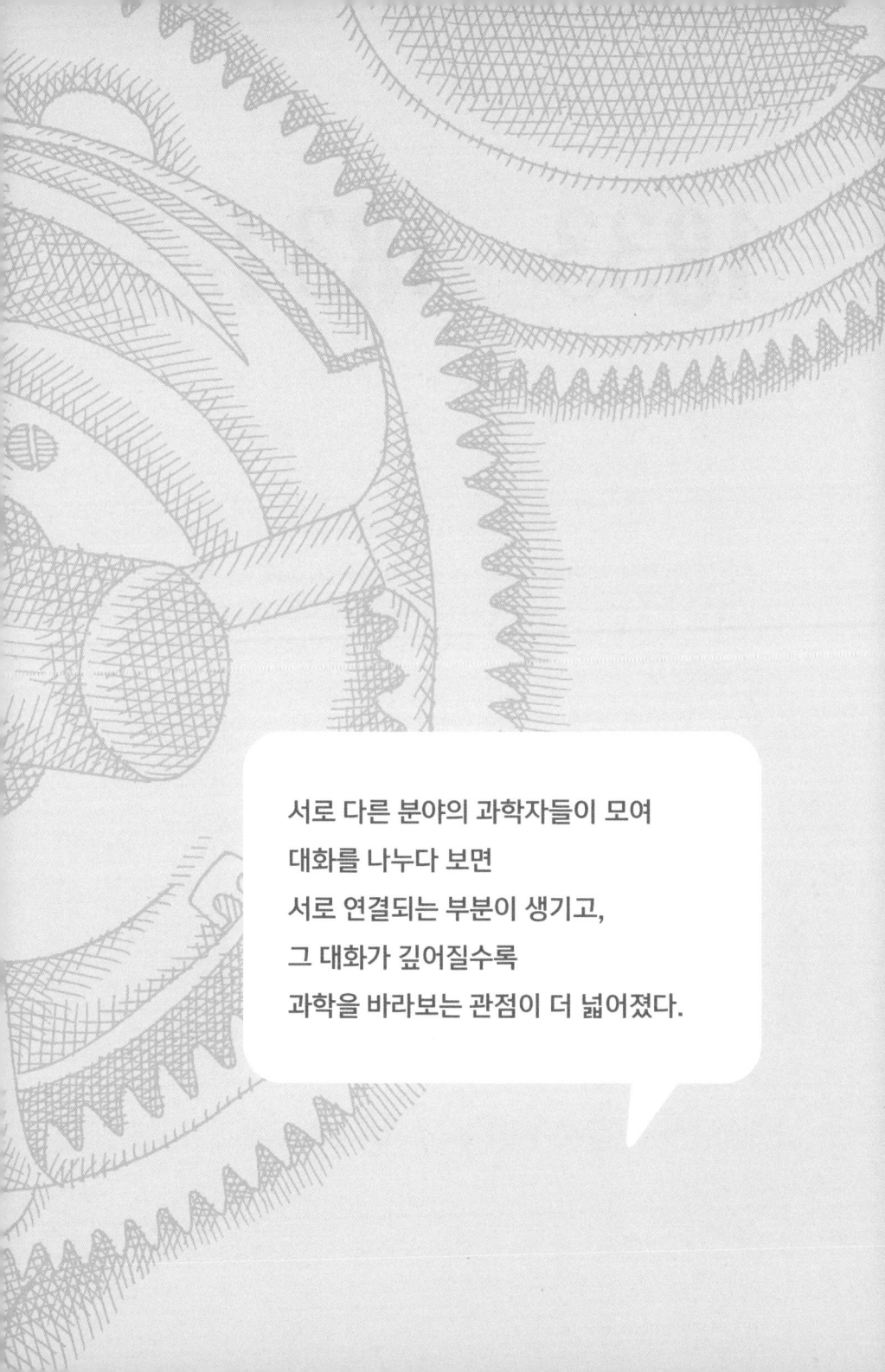

서로 다른 분야의 과학자들이 모여
대화를 나누다 보면
서로 연결되는 부분이 생기고,
그 대화가 깊어질수록
과학을 바라보는 관점이 더 넓어졌다.

1833년~1834년

연회 이후에 배비지 씨와 나는 친한 사이가 되었다. 차분기관에 대한 편지를 여러 번 주고받았으며, 배비지 씨의 저택에도 자주 방문했다.

배비지 씨의 저택에서 열리는 연회는 어찌 보면 과학자들의 모임과 같았다. 서로 다른 분야의 과학자들이 모여 대화를 나누다 보면 서로 연결되는 부분이 생기고, 그 대화가 깊어질수록 과학을 바라보는 관점이 더 넓어졌다.

그런 자리에 지질학자인 찰스 라이엘(Charles Lyell)이 참석한 적이 있었다. 배비지 씨는 자신의 서재에서 라이엘 씨가 쓴 책 『지질학 원리(Principles of Geology)』를 꺼내 와 손님들에게 보여주며 말했다.

"이 책에는 지구가 언제나 지금 우리가 알고 있는 상태가 아니었다는 내용이 담겨 있습니다. 이 책은 말합니다. 지구는 아주 오랜 시간에 거쳐 느리지만 강력한 움직임에 의해 엄청난 변화를 겪었고, 지금도 계속 변화하고 있다고요. 예를 들어 지금 산이 있는 곳이 한때는 바다였을 수도 있다는 것입니다."

배비지 씨의 말에 이어 라이엘 씨가 고개를 끄덕이며 이야기를 덧붙였다.

"여러분, 이것 좀 보시겠습니까."

라이엘 씨는 책 표지를 가리켰다. 표지 그림은 이탈리아 나폴리에 있는 세라피스(Serapide) 사원이었다.

"세라피스 사원의 기둥 세 개에서 바다 조개가 살았던 흔적을 발견했어요. 사원이 있는 땅이 가라앉

찰스 라이엘 (1797~1875)
영국 지질학자. 유럽 여러 지역의 자연 변화와 지질 현상 등을 관찰하고 자료를 수집하여 『지질학 원리』를 시리즈로 3권을 썼다. 이 책은 지질학의 기초를 세우는 데 큰 역할을 했다. 또한 『지질학 원리』는 『종의 기원』이라는 책을 통해 진화론을 주장한 생물학자 찰스 다윈에게도 영향을 주었다.

아 바닷속에 있다가 다시 땅 위로 올라왔다는 명확한 증거지요."

라이엘 씨는 지질학자로서 어떤 생각을 가지고 있는지 차근차근 설명해 나갔다.

"저는 세라피스 사원을 세심하게 관찰했어요. 사원이 있는 지표면의 높이가 변화했던 원인은 어떤 열의 작용에 의해서라고 생각합니다."

그때 배비지 씨가 나섰다.

"몇 가지 계산을 해 보면 알 수 있을 겁니다. 땅속 깊은 곳에서 발생하는 열이 지각에 어떤 영향을 끼치는지 측정해 봐야지요."

"저는 지질학에 수학적 계산을 적용할 수는 없다고 생각하는데요."

라이엘 씨가 반박했다.

"혹시 숫자가 두려우신가요?"

배비지 씨는 기분이 상했는지 살짝 비꼬듯이 말했다. 하지만 배비지 씨는 곧 자신이 집주인임을 깨닫고, 더 흥분하기 전에 이쯤에서 토론을 멈추는 것이 좋겠다고 판단했다.

배비지 씨는 화제를 돌리려고 얼마 전에 편지 한 통을 받았다는 이야기를 꺼냈다. 편지를 보낸 사람은 생물학자 찰스 다윈

(Charles Darwin)이었다. 찰스 다윈은 '비글호'라는 배를 타고 남반구를 항해하는 중이라고 했다.

"다윈이 배를 타고 돌아다니며 여러 곳에서 다양한 생물들을 관찰하면서 경이로움을 맛보고 있다고 하네요. 이번 항해에 『지질학 원리』 시리즈 중 1권을 가지고 배에 탔다고 하는데, 그 내용이 무척 흥미로워 저자인 라이엘 씨를 하루라도 빨리 만나 여러 가지 이야기를 나누고 싶답니다."

그날 대화는 그렇게 마무리되는 듯 보였지만, 사실 배비지 씨는 포기하지 않았다. 그 뒤로 몇 달 동안 배비지 씨는 연회를 열 때마다 지질학과 수학의 연관성에 대해 열띤 토론을 벌였다.

배비지 씨는 차분기관을 이용해서 특별한 표를 만들었다. 지각을 이루는 다양한 암석마다 열이 전달되는 정도를 측정한 것이었다.

"측정하고 계산한 결과를 통해 저는 세라피스 사원이 있는 지표면의 형태와 높이가 오랜 기간 동안 느리지만 꾸준히 변화되었다는 결론을 내렸습니다."

라이엘 씨는 배비지 씨가 수학적으로 측정한 결과들을 보면서 놀라워했다. 지구 내부의 열에 의해 지표면의 높이가 변화되었다는 자신의 이론을 뒷받침해 줄 수 있는 확실한 자료였던 것이다.

결국 라이엘 씨도 배비지 씨한테 설득되었고, 자신의 지질학 관련 책에 배비지 씨가 수학적으로 도움을 주어 지질학 연구에 도움이 되었다는 말을 적어 넣었다.

그렇게 배비지 씨는 수학이 과학을 증명하는 데 얼마나 중요한지를 보여 주었다.

배비지 씨의 저택에서만 과학 이야기가 오가는 것이 아니었다. 당시 런던은 과학의 도시였다. 다양한 과학 기관이 들어섰고, 과학 상연회가 열리면 엄청난 인파가 몰려들었다. 그만큼 과학은 대중에게도 인기가 많았다.

특히 1799년에 문을 연 영국 왕립연구소(The Royal Institution of Great Britain)가 과학의 대중화에 큰 힘을 보탰다. 왕립연구소는 최신 과학 정보를 널리 퍼뜨리고, 생활에 필요한 과학을 가르치기 위해 세워졌다. 그런 설립 목적에 맞게 왕립연구소에서는 당시 뛰어난 과학자들이 흥미로운 강의를 자주 열었다. 그뿐만 아니라 최신식 실험실도 갖추고 있었고, 일부 과학자들은 대중 앞에서 실험하는 모습을 직접 보여 주기도 했다.

그러한 왕립연구소에서 라이엘 씨가 지질학 강의를 열었는데,

사람들 사이에서 화제가 되었다. 왜냐하면 여성에게도 개방했기 때문이다.

원래 라이엘 씨는 킹스칼리지 교수로 지질학을 가르치고 있었다. 대학에서 원하는 대로 남성을 대상으로만 수업을 했는데, 출석 인원이 얼마 되지 않아서 실망스러웠다고 했다.

지질학이 좀 더 많은 대중에게 사랑받기를 원했던 라이엘 씨는 대학의 운영 위원회를 설득했고, 결국 대학 총장이 여성도 지질학 수업을 들을 수 있도록 허락했다. 여성에게도 개방한 첫 수

1830년대의 영국 왕립연구소

업에 무려 300명의 학생들이 모여들었다. 그만큼 여성들은 배울 기회에 목말라 있었던 것이다.

하지만 사람들의 불평이 쏟아졌고, 대학에서는 다시 여성의 강의실 출입을 금지했다. 결국 라이엘 씨는 킹스칼리지에 사직서를 냈고 곧바로 왕립연구소에 여성도 들을 수 있는 강의을 연 것이다.

과학은 그렇게 널리 발전해 나갔다. 전문 지식을 가진 학자뿐만 아니라 대중에게까지, 남성뿐만 아니라 여성에게도 기회가 주어지기 시작한 것이다. 나는 이런 흐름이 마음에 들었다.

여섯 번째 장면

독립을 위해 첫걸음을 내딛다

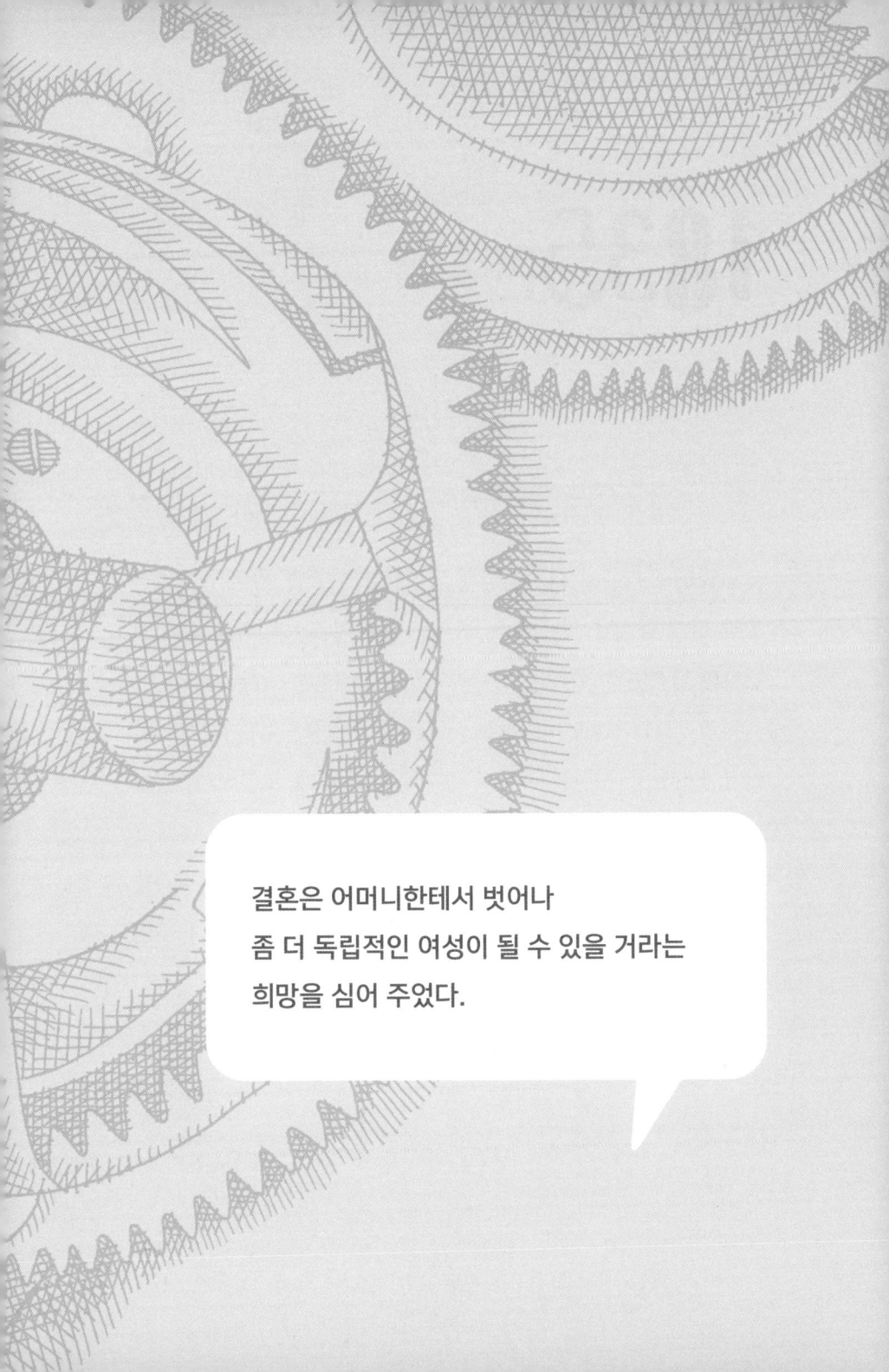

결혼은 어머니한테서 벗어나 좀 더 독립적인 여성이 될 수 있을 거라는 희망을 심어 주었다.

1835년

런던은 과학과 과학자들만의 도시가 아니었다. 최신 유행하는 옷과 머리 양식을 가장 먼저 뽐내는 문화의 도시이면서, 더불어 연회의 도시이기도 했다.

나는 그런 런던을 사랑했고, 사교 시즌 때마다 런던에 왔다. 런던에 올 때면 나는 늘 하이드 공원을 산책했다. 도심 속에 있는 공원은 내 마음을 평온하게 해 주는 힘이 있었다.

1835년 사교 시즌에 한 연회에서 윌리엄 킹(William King)을 소개받았다. 윌리엄은 남작답게 정중하고 품위 있어 보였다. 무엇보다 눈빛이 다정해서 좋은 기운을 불러일으켰다.

그날 이후 얼마 지나지 않아서 윌리엄은 다시 만나자고 연락을 해 왔고, 나를 첼시 약용 식물원(Chelsea Physic Garden)으로 데려갔다.

첼시 약용 식물원은 훌륭한 장소였다. 전 세계에서 들여온 온갖 식물들이 있었고, 희귀한 식물들도 많이 모여 있었다. 식물원은 각 식물들이 살아갈 수 있도록 다양한 환경을 갖추고 있었다. 식물에 맞는 흙에서부터 화산암과 바위도 있었고, 조개껍데기와 산호뿐만 아니라 연못도 있었다. 무엇보다 약으로 쓸 수 있는 식물들을 연구하는 곳이어서 더욱 멋져 보였다.

그곳에서 윌리엄은 나에게 청혼을 했다. 윌리엄이 나의 어떤 모습에 끌렸을지 궁금했다.

나는 대답을 하기 전에 내가 어떤 사람인지, 그리고 앞으로 어떤 계획을 가지고 있는지 털어놓았다.

"제가 좋은 아내가 될 수 있을지 모르겠어요. 저는 미래를 위한 계획도 무척 많고, 경험해 보고 싶은 것도, 공부하고 싶은 것도 아주 많거든요!"

"우린 잘 살 수 있을 거예요. 난 그걸 단박에 알았어요. 나는 전형적인, 사람들이 말하는 내조를 잘하는 아내를 원하지 않아요. 나도 여러 계획이 있고 보통 사람들은 대수롭지 않게 생각하는 일에 열정적이지요."

윌리엄은 계속 말을 이었다.

"여기 첼시 약용 식물원에도 관심을 가지고 있는 발명품이 있

지요. 바로 먼 나라의 식물을 안전하게 가져올 수 있게 해 주는 작은 여행용 온실이랍니다. 사람들은 별것 아니라고 여기지만, 나는 이 발명품에 커다란 흥미를 가지고 있어요. 이 온실은 작지만 여러 나라들의 경제와 농업을 발전시킬 힘을 가지고 있다고 생각해요. 중국과 인도의 차나 브라질이나 아시아의 어느 나라에서 고무를 수입할 때 분명 쓸모가 있을 거예요. 다른 사람들은 내 생각에 동의하지 않지만, 당신처럼 호기심 많은 사람이라면 나를 이해해 줄 거라 생각해요."

나는 눈을 반짝이며 말하는 윌리엄이 마음이 들었다.

곧바로 어머니에게 윌리엄을 소개했고, 다행히 어머니는 결혼을 허락했다. 결혼은 어머니한테서 벗어나 좀 더 독립적인 여성이 될 수 있을 거라는 희망을 심어 주었다.

결혼하고 나서 윌리엄은 러브레이스(Lovelace)라는 백작 작위를 받았고, 나 또한 '에이다 러브레이스' 백작 부인이 되었다.

일곱 번째 장면

더 발전된 계산 기계를 꿈꾸며

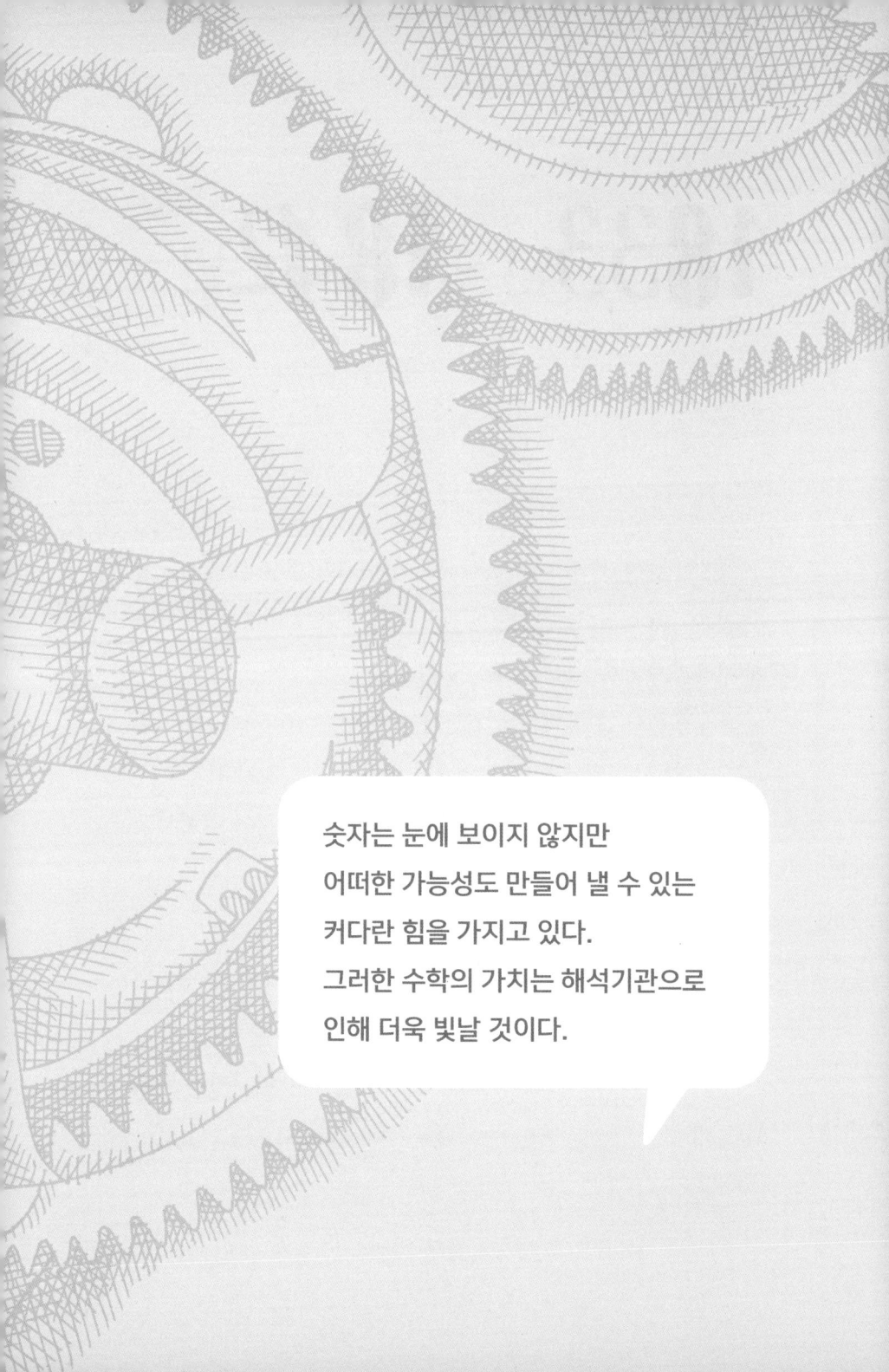

> 숫자는 눈에 보이지 않지만
> 어떠한 가능성도 만들어 낼 수 있는
> 커다란 힘을 가지고 있다.
> 그러한 수학의 가치는 해석기관으로
> 인해 더욱 빛날 것이다.

1833년 ~ 1842년

최초의 계산 기계는 여덟 살짜리 아이처럼 덧셈과 뺄셈만 할 수 있는 수준이었다. 속도도 매우 느렸고, 스스로 작동할 수 없기에 사용자가 계속 조작을 해야 했다.

배비지 씨의 발명 덕분에 계산은 훨씬 쉽고 빨라졌다. 계산 결과도 더 믿을 수 있게 되었다. 엄청난 발전을 이룬 것이다!

차분기관을 연구하기 위해 배비지 씨는 수학자들과 과학자들을 만나 깊이 있는 이야기를 나누었다. 그런 자리가 마련되면 나도 최대한 함께하려고 노력했다.

"지금은 그 어느 때보다 불필요한 작업을 줄여야 할 때입니다."

배비지 씨는 이 말을 지칠 줄 모르고 반복했다. 그리고 바로 말을 이었다.

"우리의 소중한 시간을 계산하는 노동에 낭비할 수 없죠. 계산 기계만 있으면 해결될 문제예요."

자리에 함께 있던 서머빌 선생님이 고개를 끄덕이며 말했다.

"맞아요. 무엇보다 사람이 계산 작업을 하면서 어쩔 수 없이 생기게 되는 오류를 없애야 해요. 계산직 노동자들은 어떤 목적도 없이, 수학에 대한 흥미도 없이 몇 시간씩 따분하게 계산하고 있으니 실수를 할 수밖에 없는 거죠."

"그건 제가 잘 알아요. 어린 시절 몇 시간 동안 책 속에 파묻혀 있어야 할 때, 그다지 흥미도 없는데 의무적으로 해야 하니까 파리 한 마리가 날아다니기만 해도 금방 산만해졌죠."

나도 차분기관이 얼마나 필요한지에 대해 한마디 거들었다.

차분기관은 반드시 완성되어야 했다. 그 작업에 나도 힘을 보태고 싶었다.

차분기관 프로젝트는 매우 복잡했고, 그만큼 돈이 많이 들었다. 배비지 씨는 차분기관이 산업 분야에 확실하게 적용될 수 있음을 강조하면서, 정부에 경제적 지원을 요청했다. 정부에서도 처음에는 관심을 가지고 자금을 지원해 주었지만, 프로젝트는 아주 느리게 진행되었다. 더 완벽한 기계를 만들려다 보니 당시 기

술로는 한계가 있었기 때문이다.

그런 과정을 오랜 시간 거치다가 배비지 씨는 차분기관에서 더 발달된 계산 기계를 구상하게 되었다. 바로 '해석기관(Analytical Engine)'이었다.

해석기관은 정말 굉장한 생각이었다. 해석기관은 한 번에 한 가지 이상의 작업을 수행할 수 있었다. 게다가 작업 결과물이 저장되어 이후의 계산 작업을 위한 자료로 다시 사용할 수도 있었다.

문득 내가 어릴 때 풀었던 수학 문제가 떠올랐다.

'군인 750명이 한 날에 22,500인분의 식량을 받는다면, 군인 1,200명이 있는 부대는 몇 인분의 식량을 받을까?'

이 문제를 풀려면 두 번 수고를 해야 했다. 일단 식량의 한 달 분량(22,500인분)에 군인의 수(750명)를 나누어 1인분의 식량을 계산한 다음, 그 1인분의 식량에 군인의 수(1,200명)를 곱해야 했다. 만약 해석기관을 이용한다면, 동시에 계산될 수 있었다.

그뿐만 아니라 해석기관은 차분기관보다 조작하기가 쉬웠다. 구멍이 뚫린 카드를 통해 수행해야 할 작업의 명령을 쉽고 정확하게 전달할 수 있게 설계되었기 때문이다.

기계에 입력하는 카드는 자카르 방직기를 움직이는 카드에서 아이디어를 얻었다. 자카르 방직기는 카드의 구멍들을 명령처럼 읽고 무늬를 반복해서 만들어 낼 수 있었는데, 해석기관에서도 같은 방식으로 사용될 예정이었다.

해석기관이 제대로 만들어져서 실제로 계산 작업이 가능해진다면, 아주 복잡한 계산도 지금보다 훨씬 빨리 해결될 것이다.

나는 가슴이 벅차오르는 것을 느끼며 배비지 씨한테 말했다.

"해석기관은 수학자들 사이에서뿐만 아니라 과학계에도 영향을 줄 거예요. 점점 더 널리 퍼지고 변화하는 과학적 진실들

자카르 방직기
19세기 초에 프랑스 발명가 조제프 마리 자카르(Joseph Marie Jacquard)가 만들었다. 구멍 뚫린 카드를 이용해서 실로 엮어 돌리며 자동으로 작동하는 기계이다. 자카르 방직기는 해석기관을 설계하는 데 커다란 영감을 주었다. 에이다 러브레이스는 해석기관에 대해 이렇게 표현했다.
"자카르 방직기가 천에 꽃과 잎의 무늬를 짜듯이 해석기관은 대수의 무늬를 짠다."
자카르 방직기에 사용된 구멍 뚫린 카드인 '천공카드'는 훗날 입력하는 장치로서 컴퓨터를 만드는 데 큰 보탬이 되었다.

과 공식들이 해석기관을 통해 더 간편하게 해결될 거고요. 그렇게 되면 과학과 관련된 수많은 문제들이 더 상세히 연구되면서 더 발전하겠지요. 해석기관이라는 발명은 분명 모든 학문에서 빛을 발할 거예요. 그런 면에서 아주 대단한 가능성을 가지고 있지요."

나는 다시 한번 수학이 얼마나 대단한지를 곱씹었다.

숫자는 눈에 보이지 않지만 어떠한 가능성도 만들어 낼 수 있는 커다란 힘을 가지고 있다. 그러한 수학의 가치는 해석기관으로 인해 더욱 빛날 것이다.

여덟 번째 장면

수학과 상상력

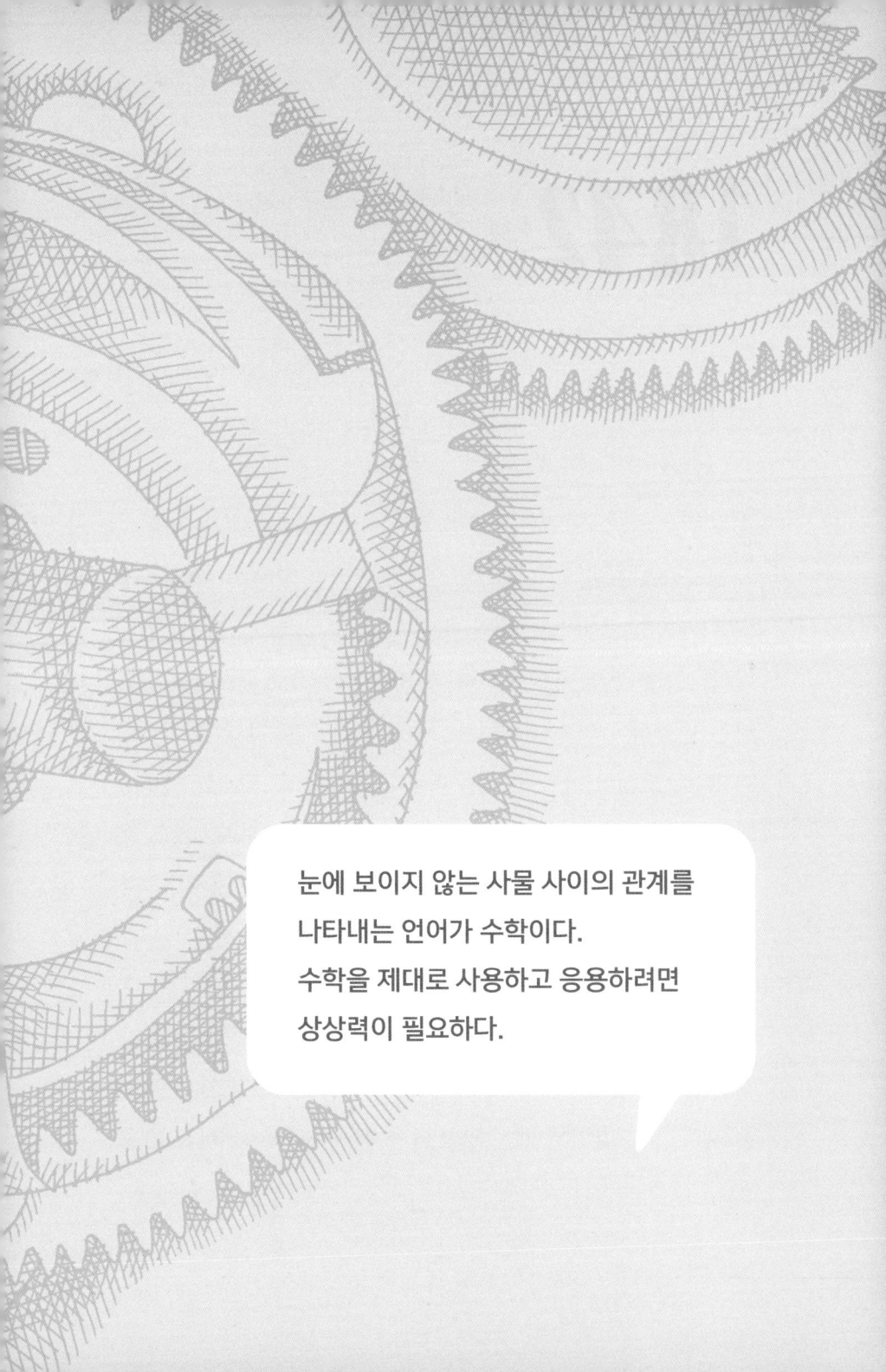

눈에 보이지 않는 사물 사이의 관계를
나타내는 언어가 수학이다.
수학을 제대로 사용하고 응용하려면
상상력이 필요하다.

1842년

해석기관에 빠져 사는 나날이 행복하기만 했다. 어머니는 내가 기계의 포로가 되었다고 말했다. 그 말이 무척 재미있었다. 어머니의 꾸중은 평소와 다를 것 없이 심각하고 날카로웠지만, 나는 반항심이 치솟기보다는 웃음보가 터질 것 같았다. 어머니가 본 내 모습이 어느 정도는 맞았다. 내 마음속은 계산 기계로 가득 차 있었기 때문이다. 기계들은 내 의지에 반대하지 않고 언제나 묵묵히 따라 주었다. 그렇기에 나도 기계한테 마음을 준 거였다.

내가 이런 생각을 가진 것을 알면 대부분의 사람들은 미쳤다고 생각할지도 몰랐다. 하지만 지금 나는 매우 논리적이고 합리적인 상태였다. 내가 앞으로 가야 할 길이 확실해졌고, 내가 무엇을 해야 할지 알았기 때문이다. 나는 해석기관에 온 힘을 쏟을 준비가 되어 있었다.

"어머니, 제 마음과 제 능력에 대해 이야기하고 싶어요. 몇 개월 동안 미래의 계획들을 되새기면서 제 연구에 대해 신중하게 생각해 봤거든요."

나는 용기를 내어 어머니에게 털어놓기 시작했다. 내가 생각하는 내 자신이 어떤 사람인지를 알려 주고 싶었다.

어머니는 시큰둥해 보였다. 아무래도 내가 또 논리적이지 않은 생각들을 나열한다고 생각하는 모양이었다.

"저는 아주 독특하고 품격 있는 집합체라고 생각해요."

"물론이지, 에이다. 넌 지적인 여성이야."

"제가 가진 재능 세 가지를 말씀드리고 싶어요."

"에이다, 다음에 이야기하면 안 되겠니?"

"아뇨, 지금 들어 보세요. 첫 번째 재능은 제 신경계에 특별한 무언가가 있어서 남들은 인지하지 못하는 것들을 알아차린다는 거예요. 두 번째 재능은 대단한 추리력을 가지고 있어서 어떤 문제든 풀어낼 수 있다는 것이지요. 그리고 세 번째 재능은 뛰어난 집중력이에요. 저는 제가 정한 목표를 위해 사용할 수 있는 모든 힘을 쏟아부을 수 있어요. 그리고 어떤 주제나 아이디어에 관심을 두기로 결정하면 사소하고 관련 없어 보이는 자료를

가지고도 완벽한 이론을 만들 수 있지요. 우주 곳곳에서 헤아릴 수 없이 많은 빛이 날아와도 저는 단 하나의 빛에만 집중할 수 있어요."

나는 내가 가진 세 가지 재능을 잘 활용해서, 인간에게 주어진 가장 완벽한 지식과 미래의 가능성을 발견하고 싶었다.

그래서 나는 더 성실하고 싶었고, 더 많이 깨우치고 싶었다. 수학 문제를 풀고 이론을 연구하는 일은 나에게 커다란 만족감을 주었다. 더불어 말을 타고 전속력으로 달리거나 화려한 무도회에서 춤출 때 느끼는 커다란 즐거움도 주었다.

내가 행복한 나날을 보내는 만큼 모든 사람이 나로 인해 행복하면 좋겠다는 생각이 들었다. 다정한 남편 윌리엄과 세 아이들이, 그리고 내 주변 사람들이 모두 행복하기를 바랐다.

그래서 가족과 주변 사람들을 위해 무언가를 하고 싶었지만, 잘되지는 않았다. 집안일을 하고 집수리를 계획하거나 서머빌 선생님을 위해 두건을 만드는 일 등 사람들이 보통 여성적이라고 생각하는 일은 정말 내 능력 밖이었다.

서머빌 선생님은 내가 어설프게 완성한 두건을 보고는 엄청나게 칭찬을 했다. 내가 기하학에 대한 의견을 말했을 때도 이 정도로 칭찬을 하지는 않았다.

"에이다가 수학자로서 x와 y를 연구하는 것 외에 다른 일들도 할 수 있다는 것을 보여 주어서 얼마나 기쁜지 몰라요."

서머빌 선생님은 따뜻하게 웃으며 내 마음을 보듬어 주었다.

이렇게 조금씩 성실하게 노력하면 내가 사랑하는 사람들을 행복하게 할 수 있을 것 같았다. 가끔 나는 다시 예전처럼 불안해하고 마음이 흔들려서 쉬운 수학 공식도 풀지 못할까 봐 두려웠다. 그저 이 평안과 행복이 오래 지속되기를 바랐다.

나는 수학 공부를 위해 우리 집으로 손님들을 초대했다. 그중에는 배비지 씨도 있었다. 나는 배비지 씨한테 보내는 초대장에 최소 사흘은 머물러 달라는 부탁도 덧붙였다.

이렇게 여러 사람들과 함께 수학 공부를 하며 시간을 보내는 일은 정말 즐거웠다. 좀 더 열정적으로 수학에 매진할 수 있었고, 사고력과 집중력도 생겼다.

나는 학습 효과에 대해 호기심이 생겨 생각을 정리한 다음 저녁 식사 시간에 손님들과 이야기를 나누었다.

"저의 뛰어난 상상력이 수학을 공부하는 데 큰 도움이 되는 것 같아요."

"수학과 상상력을 연관 짓는 건 조금 이상하지 않아요?"

남편 윌리엄이 고개를 갸우뚱하며 말했다.

"저한테는 아주 자연스러워요."

"에이다, 당신이 말하는 그 상상이라는 게 정확히 무엇을 말하는 건가요?"

윌리엄의 질문에 잠시 고민한 다음 입을 열었다.

"보통 사람들은 상상력을 시인이나 예술가가 가지고 있는 것이라고 하지요. 하지만 제 생각에 상상이란 사물과 사건, 생각, 이론을 재조합하고, 거기서 또 새롭게 재조합하고, 그렇게 끝없이 계속 변화시킬 수 있는 혼합의 기술이에요. 상상력은 처음 볼 때는 관련이 없는 것 같은 문제들의 공통점을 찾아내요. 그리고 아주 멀리 있거나 아예 안 보이거나, 간단히 말해 존재하지 않는다고 생각하는 것들을 인지하게 만들고 마음속에 존재하게 만들지요."

내 생각은 이랬다. 상상력은 우리 눈에 보이지 않고 우리 감각을 통해서는 존재한다고 볼 수 없는 것을 발견하게 한다. 수학이 그것을 증명하는 좋은 예다. 눈에 보이지 않는 사물 사이의 관계를 나타내는 언어가 수학이다. 수학을 제대로 사용하고 응용하려면 상상력이 필요하다. 상상력을 통해 눈에 보이지 않아 인식

할 수 없는 것을 발견해서 모두에게 도움이 되는 이론으로 발전시켜야 한다.

그렇기에 우리는 지금 살아가는 세상에 얽매이지 말고 그것을 뛰어넘어 상상해야지만 새로운 세상을 만날 수 있을 것이다.

아홉 번째 장면

기계의 가능성을 열다

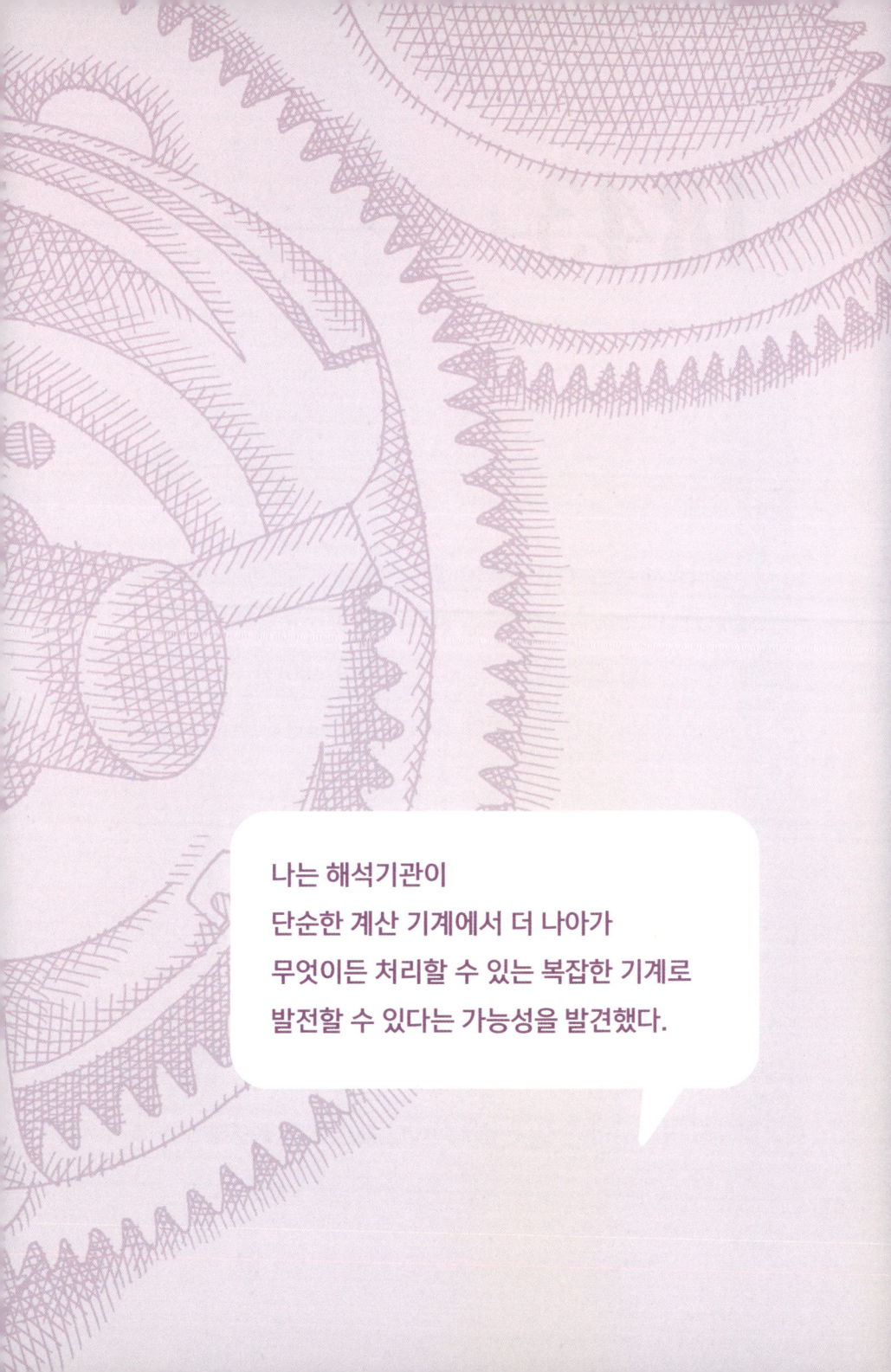

> 나는 해석기관이
> 단순한 계산 기계에서 더 나아가
> 무엇이든 처리할 수 있는 복잡한 기계로
> 발전할 수 있다는 가능성을 발견했다.

1843년

물리학자 찰스 휘트스톤(Charles Wheatstone)이 나에게 논문 하나를 번역해 과학 논문 잡지에 실었으면 좋겠다고 부탁해 왔다. 이탈리아 정치가이자 공학자인 루이지 메나브레아(Luigi Menabrea)가 배비지의 해석기관을 설명해 놓은 논문이었다.

1840년에 배비지 씨가 이탈리아 토리노에서 수학자들과 과학자들을 모아 놓고 해석기관에 대한 설명회를 열었다. 그 자리에 있었던 메나브레아 씨는 해석기관에 큰 관심을 보였고, 해석기관에 대해 자세히 묘사한 논문을 프랑스어로 발표한 것이다.

나는 흔쾌하게 번역하겠다고 말했다. 이 소식을 들은 배비지 씨는 메나브레아 씨의 논문을 번역하는 것에서 그치지 말고 해설과 주석을 넣어 누구나 쉽게 이해할 수 있도록 설명해 보는 것은 어떻겠냐고 제안했다.

나는 배비지 씨의 말마따나 그동안 해석기관을 설계하고 연구했던 내용을 정리하는 데 열중했다. 그러다 보니 해석기관에 대해 좀 더 깊이 연구하게 되었고, 좀 더 넓은 시각으로 분석하게 되었다.

지금껏 배비지 씨는 해석기관을 수학적으로만 바라보았다. 하지만 나는 해석기관이 그 이상을 해낼 수 있다는 사실을 알아냈다. 예를 들어 해석기관에 사용할 수 있는 기호를 이용해 음표나 작곡법을 입력할 수 있다면, 정교하고 과학적인 곡을 만들 수 있다고 확신했다.

나는 해석기관이 단순한 계산 기계에서 더 나아가 무엇이든 처리할 수 있는 복잡한 기계로 발전할 수 있다는 가능성을 발견했다.

더불어 해석기관이 얼마나 대단한지를 알리려면 풀기 어려운 수학을 해석기관이 풀 수 있다는 것을 보여 주어야 한다고 생각했다. 그래서 매우 복잡하기로 유명한 '베르누이 수(Bernoulli number)'를 해석기관이 계산하는 방식을 도표로 만들어 주석에 덧붙였다.

그렇게 온 힘을 쏟아 1843년에 주석을 붙인 논문 번역본 「배

비지의 해석기관에 대한 분석」을 완성했다. 해석기관에 대한 주석을 어마어마하게 달아 놓아서, 원래 논문의 분량보다 세 배나 길어졌다.

"에이다, 당신은 숫자의 마법사군!"

내 결과물을 보고는 배비지 씨가 크게 감탄했다.

"해석기관에 관한 아주 어렵고 추상적인 문제를 거의 완벽하게 이해했어! 훌륭해! 당신이 번역한 이 글을 본 사람이라면 누구나 해석기관에 대해 관심을 가지고 해석기관에 대해 잘 이해하게 될 거야."

배비지 씨는 한껏 들떠 보였다.

그런데 배비지 씨와 사이가 틀어지게 된 사건이 생겼다. 배비지 씨는 무슨 수를 써서라도 내가 번역한 내용에 정부가 자신의 기계에 지속적으로 관심을 가져 주지 않는다는 내용을 집어넣고 싶어 했다.

나는 예전이나 지금이나 이런 일은 절대 허용하지 않았다. 그 어떤 권력이나 경제적인 문제를 내 과학 작업에 끌어들이고 싶지 않았다. 배비지 씨의 의견은 내 작업과 명확하게 분리되어야 하고, 나는 과학과 발견에 대해서만 설명하고 싶었다.

배비지 씨가 연구를 계속하려면 자금이 필요하다는 사실을 잘 알고 있었다. 그렇다고 무작정 배비지 씨의 편에 설 수는 없었다. 그러면 학자로서 그리고 글을 쓴 사람으로서 지켜야 할 권위를 잃게 될 거라는 생각이 들었다.

배비지 씨는 내 입장을 이해하지 못하고 화를 냈고, 나는 무척 기분이 상할 수밖에 없었다. 배비지 씨의 괴팍한 성격을 이미 알고 있었지만, 그렇게 과격하게 나를 공격할 거라고는 상상도 못했다. 화가 나니 이성은 찾아볼 수 없고 이기적인 모습으로 돌변해 상대하기가 어려웠다.

"저는 배비지 씨와 함께 연구할 계획을 세워 놓았지만, 지금 당장은 그 계획을 알릴 수 없을 것 같군요. 배비지 씨가 계속 화를 내신다면, 진실과 과학을 탐구하는 데 사용해야 할 제 에너지와 시간과 펜을 다른 곳에 사용할 수밖에 없어요. 제 노동과 지식을 받아들일 것인지 선택할 기회를 드리죠. 제 말을 가볍게 넘기지 마세요. 정말 배비지 씨를 위해서 말씀드리는 거예요."

나는 단호하게 말했고, 배비지 씨는 생각해 보겠노라고 답했다. 배비지 씨와 내 사이가 이대로 쉽게 멀어지지는 않을 것이라 생각했다. 지금까지 함께하면서 서로한테 얼마나 많은 힘이 되어 주었는지를 알았기 때문이다.

해석기관에 대한 논문 번역본은 예정대로 과학 논문 잡지에 실렸고, 나는 그저 많은 사람들이 해석기관에 관심을 가져 주기를 바랐다.

이 시기에 새로운 과학 연구 결과들이 많이 쏟아져 나왔다. 그런 흐름에 맞춰 나는 과학 실험에도 빠져들었고, 거기에 수학을 응용하는 것을 잊지 않았다.

나는 연구하고 분석한 내용들을 꼼꼼히 기록했다. 나의 기록은 분명 세상을 발전시킬 것이다. 어쩌면 나는 과학계의 샛별로 떠오를지도 모른다.

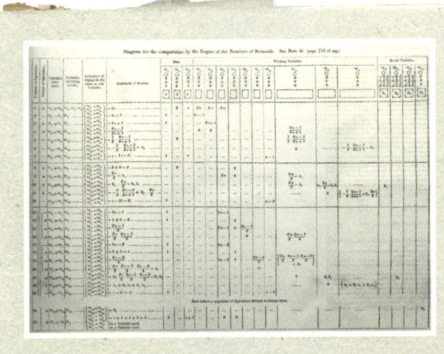

에이다 러브레이스가 만든 해석기관의 베르누이 수 연산 알고리즘 도표

에이다 러브레이스는 해석기관에 대한 논문을 번역하면서, 주석을 달아 해석기관에 대한 이론과 방식을 설명했다.

이 주석 내용은 훗날 컴퓨터 프로그램에 사용되는 언어의 뿌리가 되었다. 설정된 조건을 만족하는 동안 같은 계산이 반복되도록 하는 '루프(loop)', 사용했던 공식을 필요할 때 다시 사용하는 '서브루틴(subroutine)', 필요 없는 과정을 건너뛰어 실행하는 '점프(jump)', 주어진 조건에 따라 논리적인 결정을 내리는 '조건문(if)' 등을 에이다 러브레이스가 처음 구상하고 제시했다.

닫는 글

내 연구가
미래에
닿기를 바라며

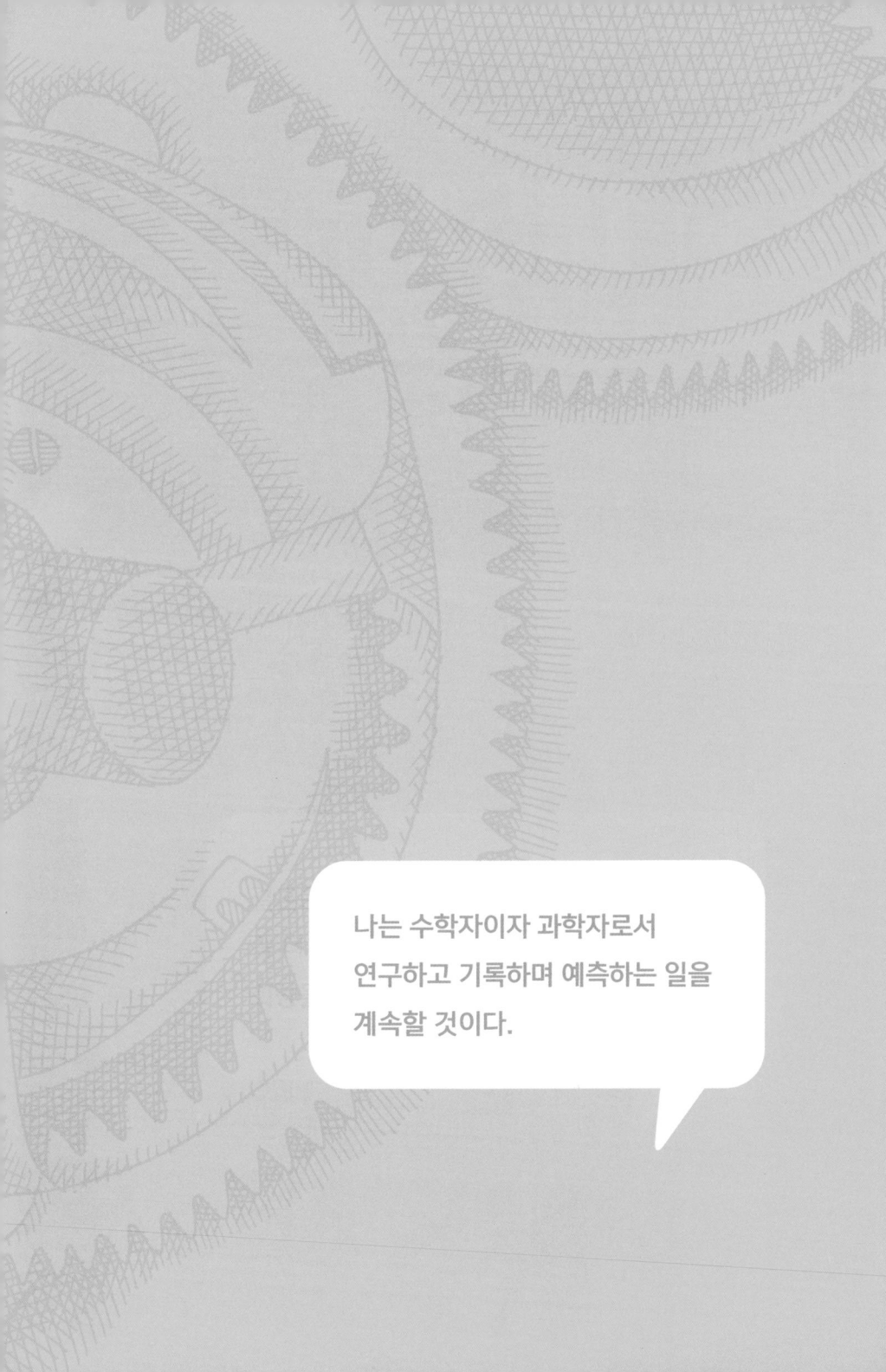

나는 수학자이자 과학자로서
연구하고 기록하며 예측하는 일을
계속할 것이다.

다시, 1852년

노트를 읽으니 옛 기억들이 새록새록 떠올랐다.

시골집에서 엄격한 어머니의 교육들을 묵묵히 수행하던 어린 시절, 얼굴도 알지 못하는 아버지의 죽음, 과학과 수학에 대한 논의가 들끓던 런던, 존경하는 배비지 씨와 서머빌 선생님 그리고 내 남편과 아이들, 여전히 나를 마음대로 하려는 어머니까지 옛일들과 함께 내가 만난 사람들의 얼굴도 하나하나 머릿속에 그려졌다.

나는 배비지 씨와 계산 기계를 만나 수학자로서 또 과학자로서 커다란 열정을 품은 채 달려왔다. 하지만 배비지 씨의 해석기관은 끝내 완성되지 못했다.

나는 배비지 씨가 연구하며 남긴 기록들을 나의 상상력과 수학적 언어로 한층 더 완벽하게 다듬고 싶었지만 끝내 흐지부지되고 말았다. 그저 이론만 남았을 뿐이다.

내가 옮겨 적고 주석을 달아서 완성한 「배비지의 해석기관에 대한 분석」을 많은 사람들이 읽고 호응해 주기를 바랐다. 하지만 잠깐의 흥밋거리였을 뿐 금세 잊히고 말았다. 게다가 나는 갑작스레 병을 얻어 몸이 점점 망가져 갔다. 이렇게 된 상황이 아쉽고 안타까울 따름이었다.

병들어 집 안에만 있다 보니 자꾸만 나를 돌아보게 되었다. 그러고 보면 나는 늘 용기를 가지고 행동했다. 온 힘을 다해 학문과 연구에 매진했고, 어머니와 나 사이의 얼음벽을 녹이려고 애썼다. 남들이 뭐라고 해도 바이런의 딸이라는 사실을 떳떳이 밝혔으며, 만약 내가 죽으면 아버지 곁에 묻히고 싶다는 생각을 전했다.

나는 옛 노트를 쓰다듬으며 흐트러진 마음을 가다듬었다. 나는 수학자이자 과학자로서 연구하고 기록하며 예측하는 일을 계속할 것이다. 내 목숨이 붙어 있는 그날까지.

내 이름은 에이다다. 모두 잘 기억해 두기를.

부록

장면 밖 이야기

★ 에이다 러브레이스를 만나다
★ 에이다의 삶과 그 이후 컴퓨터의 시대

에이다 러브레이스를 만나다

? 컴퓨터가 존재하지 않던 시절에 컴퓨터 프로그래밍 언어의 원리와 개념을 처음 구상했던 것처럼 무에서 유를 창조하려면 어떤 노력을 해야 할까요?

! 에이다 러브레이스 나는 끊임없이 상상하는 것이 가장 중요하다고 생각해요. 상상력은 무한한 힘을 가지고 있어요. 상상력은 우리 눈에는 보이지 않는 것을 느끼게 하고, 알려지지 않은 세상을 발견하게 하지요. 나는 늘 상상력을 발휘해서 연구했고, 기계를 움직일 수 있는 새로운 언어를 구상해 냈어요. 그 구상을 바탕으로 미래에 컴퓨터가 만들어졌지요.

"상상력은 꿈을 이루게 해 주는 아주 중요한 기술이에요. 상상력이라는 기술을 잘 활용해서, 머릿속에 그린 것을 실현하도록 노력해 봐요."

> **?** 계산하는 기계에서 새롭고 놀라운 가능성을 발견하게 된 과정을 알고 싶어요.

! **에이다 러브레이스** 해석이란 사물을 자세히 풀어서 논리적으로 밝히는 것을 뜻해요. 나는 해석기관에 대한 논문을 번역하면서, 그동안 찰스 배비지 씨와 함께 연구해 왔던 해석기관을 다시 한번 해석해 보는 시간을 가졌어요.

이때 해석기관을 새로운 시각으로 바라보게 되었지요. 찰스 배비지 씨는 해석기관을 수학적인 기계로만 생각했어요. 하지만 나는 다르게 보았지요. 해석기관에 제대로 된 기호를 입력할 수 있다면, 음악도 작곡할 수 있다고 보았어요. 해석기관을 숫자를 처리하는 기계에서 더 나아가 정보를 처리하는 기계로 새롭게 해석한 거예요.

"기존의 사물이나 생각을 남들과 똑같이 바라보지 말아요. 좀 더 넓은 시각으로, 좀 더 깊이 파고든다면 새로운 가치를 찾을 수 있을 거예요."

? 멋진 미래를 설계하기 위해 꼭 필요한 도움말을 들려주세요.

! 에이다 러브레이스 나는 스스로를 '시적인 과학자'라고 불렀어요. 위대한 시인이었던 아버지, 바이런의 예술적 감각을 물려받았을 뿐만 아니라 수학과 과학에도 뛰어난 재능을 가지고 있었거든요. 다른 사람들은 수학과 과학은 이성적인 분야라서 감성적인 예술과 다르다고 섣불리 판단했어요.

하지만 나는 수학과 과학에 예술을 통합해서 생각했지요. 컴퓨터가 없던 시절에 컴퓨터를 머릿속에 그려 볼 수 있었던 것 또한 이러한 통합적 사고에서 비롯되었다고 생각해요. 기계를 과학적·수학적으로만 보았다면, 기계가 가진 더 큰 가능성을 찾지 못했을 거예요.

"모든 분야의 학문을 폭넓게 공부해요. 통합해서 생각한다면 고정관념에서 벗어날 수 있고, 창의적인 사람이 되어 멋진 미래를 만들어 갈 수 있을 거예요."

에이다의 삶과 그 이후 컴퓨터의 시대

 **에이다의 삶**

1815년
에이다 출생

1822년
찰스 배비지 차분기관 설계 시작

1823년
차분기관 제작에 정부가 자금을 지원해 주기로 결정, 최초의 정부 지원 공학 프로젝트

1833년~1842년
에이다와 찰스 배비지 해석기관 설계 작업

1833년
에이다와 찰스 배비지 만남

1824년
에이다의 아버지이자 시인 바이런 사망

1843년
에이다가 주석을 단 해석기관에 대한 논문 번역본 발표
★ 컴퓨터 프로그래밍 언어의 시초

1842년
루이지 메나브레아가 프랑스어로 된 해석기관에 대한 논문 발표

1852년
에이다 사망

1842년
차분기관과 해석기관 설계에 관한 정부의 자금 지원 중단

1835년
에이다와 윌리엄 킹 결혼

컴퓨터의 시대

1890년
허먼 홀러리스의 천공카드를 이용한 계산기가 미국에서 인구조사에 사용
★ 계산 기계의 실용성을 처음 입증, 현대 컴퓨터 설계로 이어짐

1937년
앨런 튜링이 가상의 자동 기계인 '튜링 기계'를 소개한 논문을 발표
★ 현대 컴퓨터의 모형을 최초로 고안

1944년
하워드 에이킨이 홀러리스의 기술과 배비지의 해석기관을 결합해서 '마크 1'을 완성
★ 최초의 전기 자동 계산기

1950년
앨런 튜링이 인공지능 테스트를 설명하는 논문을 발표, 이 논문에서 '기계는 스스로 생각할 수 없다'는 에이다의 주장에 반박
★ 인공지능의 개념을 처음 예측

1946년
미국 펜실베이니아 대학교에서 대형 컴퓨터 '에니악'을 완성
★ 최초의 전자식 컴퓨터

1991년
팀 버너스리가 '월드 와이드 웹'을 개발해서 발표
★ 인터넷의 대중화 시작

1981년
컴퓨터 회사 IBM에서 '개인용 컴퓨터(PC)'를 개발해서 발표
★ 컴퓨터의 대중화 시작

2011년
IBM의 인공지능 컴퓨터 '왓슨'이 퀴즈 방송 '제퍼디'에서 우승
★ 인공지능의 가능성 확인

1975년
미국 국방부에서 프로그래밍 언어를 통합·개발하는 작업 시작, 새 프로그래밍 언어에 '에이다'라는 이름을 붙임
★ 에이다가 '최초의 컴퓨터 프로그래머'임을 인정

컴퓨터는 스마트폰, 로봇, 인공지능 등 다양한 형태로 끊임없이 발전 중

옮긴이 김현주

한국외국어대학교 이태리어과를 졸업하고, 이탈리아 페루지아 국립대학과 피렌체 국립대학 언어 과정을 마쳤습니다. 현재 번역 에이전시 하니브릿지에서 출판기획 및 전문 번역가로 활동하고 있습니다. 『바다를 존중하세요』 『옥수수를 관찰하세요』 『씨앗이 있어야 우리가 살아요』 등 여러 책을 우리말로 옮겼습니다.

추천 홍지연

초등학교 선생님입니다. 초등컴퓨팅교사협회 연구개발팀장으로 아이들이 즐겁게 컴퓨팅 능력을 키우고 새로운 세상을 이끌어 가도록 소프트웨어 교육에 힘쓰고 있습니다. 2016년 소프트웨어 교육 수기 공모전에서 '최우수 장관상'을 받았으며, 2017년 과학기술정보통신부에서 소프트웨어 산업 발전에 기여한 유공자로 선정되어 표창장을 받았습니다. 쓴 책으로는 『소프트웨어 수업백과』 『학교 수업이 즐거워지는 엔트리 코딩』 『Why? 코딩 워크북』 『언플러그드 놀이』 등이 있습니다.

최초의 컴퓨터 프로그래머 에이다 러브레이스의 생각
숫자로 상상하세요

초판 1쇄 2019년 5월 10일 | 초판 4쇄 2023년 3월 6일
글쓴이 시모나 포이도마니 | 그린이 피아 발렌티니스 | 옮긴이 김현주 | 추천 홍지연
펴낸이 김찬영 | 펴낸곳 책속물고기 | 출판등록 제2021-000002호
주소 서울특별시 영등포구 양평로 157, 1112호
전화 02-322-9239(영업) 02-322-9240(편집) | 팩스 02-322-9243
책속물고기 카페 http://cafe.naver.com/bookinfish | 전자메일 bookinfish@naver.com
ISBN 979-11-6327-025-6(73990)

이 도서의 국립중앙도서관 출판예정도서목록(CIP)은 서지정보유통지원시스템
홈페이지(http://seoji.nl.go.kr)와 국가자료공동목록시스템
(http://www.nl.go.kr/kolisnet)에서 이용하실 수 있습니다.
(CIP제어번호: CIP2019004613)

*이 책의 내용을 쓰고자 할 때는 저작권자와 출판사 양측의 허락을 받아야 합니다.
*잘못된 책은 바꾸어 드립니다.
*값은 뒤표지에 있습니다.

	품명 아동 도서 | **사용연령** 10세 이상	
KC	**주의사항** ⊙ 종이에 베이거나 긁히지 않도록 조심하세요. ⊙ 책 모서리가 날카로우니 던지거나 떨어뜨리지 마세요.	
	KC마크는 이 제품이 공통안전기준에 적합하였음을 의미합니다.